Dwight Lyman Moody

Verborgene Kraft

Das Geheimnis des Erfolgs im christlichen Leben und christlichen Wirken

Dwight Lyman Moody

Verborgene Kraft
Das Geheimnis des Erfolgs im christlichen Leben und christlichen Wirken

ISBN/EAN: 9783743359260

Hergestellt in Europa, USA, Kanada, Australien, Japan

Cover: Foto ©Lupo / pixelio.de

Manufactured and distributed by brebook publishing software
(www.brebook.com)

Dwight Lyman Moody

Verborgene Kraft

Verborgene Kraft;

oder

das Geheimniß des Erfolgs im christlichen Leben und christlichen Wirken.

Von D. L. Moody.

„Ihr werdet die Kraft des heiligen Geistes empfangen."
Apg. 1, 8.

Fleming H. Revell,

Chicago:
148 und 150 Madison Straße.

New York:
12 Bibel Haus, Astor Place.

Verleger von evangelischer Literatur.

Vorwort.

Es mag Jemand in geistlichen Dingen den Eifer ohne die Erkenntniß und ein Anderer die Erkenntniß ohne Eifer haben. Wenn ich von beiden nur einen haben könnte, so würde ich, wie ich glaube, den ersteren wählen; aber bei unserer offenen Bibel braucht Niemand ohne Erkenntniß von Gottes Willen und Absichten zu bleiben und der Zweck dieses Buches ist, Andern behülflich zu sein, die Quelle der wahren Kraft zu erkennen, damit beides ihr Eifer und ihre Erkenntniß um so erfolgreicher im Dienste des Herrn verwendet werden können.

Paulus sagt: „Alle Schrift von Gott eingegeben ist nütze zur Lehre"; aber ich glaube, ein Theil davon, und das ist der Gegenstand dieses Buches, ist zu viel übersehen worden, als ob derselbe nicht praktisch sei, und die Folge ist: Mangel an Kraft im Zeugniß und im Wirken. Wenn wir arbeiten wollen, „nicht als Einer, der in die Luft streichet," sondern für einen bestimmten Zweck, so bedürfen wir die Kraft aus der Höhe. Ohne diese Kraft ist unsere Arbeit Pfuscherei. Mit derselben wird sie uns zur freudigen Pflicht, zum erquickenden Gottesdienst.

Möge Gott dieses Buch Vielen zum Segen werden lassen. Dieses ist mein Gebet!

D. L. Moody.

Northfield, Mass., den 1. Mai 1881.

Kapitel I.

Kraft--ihre Quelle.

Umsonst gehen die Einwohner von London zu ihrer Wasserleitung, um ihren Bedarf zu holen, es sei denn, der Mann, welcher den Hauptschlüssel hat, läßt das Wasser ein ; und umsonst versuchen wir unseren Durst im Gottesdienst zu stillen, es sei denn, Gott theilt uns das lebendige Wasser seines Geistes mit.

Unbekannt.

Die römischen Kaiser hatten die Gewohnheit, bei ihrem siegreichen Einzug in die Stadt neue Münzen unter die Bevölkerung zu werfen; so hat uns auch Christus, durch seine siegreiche Himmelfahrt, die größte Gabe, welche je zum Heil der Menschen gegeben wurde, mitgetheilt.

T. Goodwin.

Für unbekehrte Leute gleicht ein großer Theil der Bibel einer Ziffernschrift. Es ist das Amt des werthen heiligen Geistes, hier als Erklärer zu dienen, indem er sein Volk in das Innere der göttlichen Erfahrung einweiht, als Fingerzeig und Schlüssel zu jenen theuren Gnadengeheimnissen, welche bestanden, ehe der Garten verschlossen wurde, oder es scheint ihnen als eine versiegelte Quelle oder wie eine in fremder Sprache geschriebenes Buch.

Toplady.

Die größte, stärkste und mächtigste Fürsprache für die Kirche Gottes auf Erden ist das Walten des göttlichen Geistes in ihrer Mitte, und die Wirkungen des Geistes sind die wahren Beweise des Christenthums. Man sagt, die Wunder seien verschwunden; aber der heilige Geist ist noch heute das ständige Wunder der Kirche Gottes. Ich will kein Wort gegen Vereine für die Beweise des Christenthums sagen, noch gegen die bedeutenden und gelehrten Brüder, welche die christliche Kirche auf ihren Flanken vertheidigt haben. Sie haben ein gutes Werk gethan, und ich wünsche ihnen alle Segnungen ; aber was mich angeht, wurde ich nie in meinem Glauben beruhigt durch Paley's Beweise oder irgend welche Beweise, welche man aus der Geschichte oder sonstwie anführte ; der heilige Geist aber hat die Last von meinen Schultern genommen und mir Frieden und Freiheit geschenkt. Dies ist Beweis für mich, und was die äußerlichen Dinge betrifft, die wir Andern vorhalten können, so war es für Petrus und Johannes hinreichend, daß die Leute sahen, wie der Lahme gesund war geworden, und sie hatten nicht nöthig, für sich selbst zu reden.

Spurgeon.

Kraft — ihre Quelle.

***

„Ohne daß die Seele göttlich belebt und inspirirt ist, sind alle
Formen und der glänzendste Ritualismus so nutzlos als die
Bewegungen eines galvanisirten Leichnams."—Unbekannt.

Ich führe diesen Satz an, weil er mich sogleich auf den unter
Betrachtung stehenden Gegenstand hinleitet. Was ist
diese Belebung und Begeisterung? Was ist diese so nöthige
Kraft? Wo ist ihre Quelle? Ich antworte: der heilige Geist
Gottes. Ich glaube von Herzen an das „Apostolische Glau-
bensbekenntniß" und sage daher: „Ich glaube an den heiligen
Geist."

Bedeutungsvoll fragt ein Schreiber: „Was sind unsere
Seelen ohne seine Gnade? — so todt, wie der Zweig, in
welchem kein Saft pulsirt. — Was ist die Kirche ohne denselben? — so dürre und trocken, wie die Felder draußen ohne
Thau und Regen vom Himmel."

Es ist in letzter Zeit viel vom heiligen Geiste die Rede
gewesen. In diesem und andern Ländern haben Tausende
diesem erhabenen Gegenstande ihre Betrachtung gewidmet.
Ich hoffe, es wird uns Alle dahin leiten, um eine mächtigere
Offenbarung seiner Kraft in der ganzen Kirche zu beten.
Wie sehr haben wir ihn in der Vergangenheit entehrt. Wie
unwissend sind wir mit Bezug auf seine Liebe, Gnade und
Gegenwart gewesen! Wohl haben wir vom heiligen Geiste
gehört und gelesen; aber wie wenig wirkliche Erkenntniß
hatten wir von seinen Eigenschaften, Aemtern und seinem
Verhältniß uns gegenüber. Ich befürchte, daß er manchen
Christenbekennern in Wirklichkeit gar nicht existirt und daß sie
ihn als Person in der heiligen Dreieinigkeit gar nicht kennen,

9

Das erste Werk des Geistes ist, Leben — geistliches Leben mitzutheilen. Er gibt und erhält dasselbe. Wo kein Leben ist, da kann auch keine Kraft sein. Salomo sagt: „Ein lebendiger Hund ist besser, denn ein todter Löwe." Wenn uns der Geist dieses Leben mittheilt, so verläßt er uns nicht, um uns fallen und sterben zu lassen, sondern er nährt beständig diese Flamme. Er ist stets mit uns. Wahrlich, wir sollten seine Kraft und sein Werk kennen.

Identität und Persönlichkeit.

In 1 Joh. 5, 7 lesen wir: „Denn drei sind, die da zeugen im Himmel: der Vater, das Wort und der heilige Geist; und diese drei sind eins." Der Vater ist die erste Person; Christus, das Wort, die zweite, und der heilige Geist, der sein Amt und Werk in Vereinigung mit dem Vater und Sohn ausrichtet, ist die dritte Person in der Gottheit. Ich finde deutlich in meiner Bibel, daß der eine Gott, der meine Liebe und meinen Gottesdienst fordert, sich dort geoffenbaret hat, und daß jeder von diesen drei Namen, Vater, Sohn und heiliger Geist, eine Persönlichkeit repräsentirt. Darum finden wir manche Dinge Gott als Vater, andere Gott als Heiland und wieder andere Gott als Tröster und Lehrer zugeschrieben. Es ist gesagt worden, daß der Vater plane, der Sohne ausführe und der heilige Geist anwende. Aber ich glaube auch, daß sie mit einander planen und wirken. Der Unterschied zwischen den Personen ist oft bemerkbar in der Schrift. In Matth. 3, 16. 17 finden wir, daß Jesus zur Taufe geht, der Geist sich auf ihn herab läßt und des Vaters Stimme genehmigend gehört wird, indem er sagt: „Dies ist mein lieber Sohn, an dem ich Wohlgefallen habe." So lesen wir in Joh. 14, 16: „Und ich (Jesus) will den Vater bitten, und er soll euch einen andern Tröster geben." Desgleichen Ephesser 1, 18: „Denn durch ihn (Jesus Christus) haben wir den Zugang alle beide

(Juden und Heiden) in einem Geist zum Vater." So werden wir belehrt, einen Unterschied in den Personen der Dreieinig= keit und ihrer unzertrennlichen Vereinigung zu machen. Aus diesen und andern Schriftstellen lernen wir auch die Identi= tät und das Dasein des heiligen Geistes.

Wenn ihr fragt, ob ich es v e r st e h e, was auf diese Weise in der Schrift geoffenbart ist, so sage ich n e i n. Aber mein Glaube beugt sich unter das inspirirte Wort und ich glaube die großen Dinge Gottes ohne Zögern, selbst wenn es die Vernunft nicht begreift und der Verstand sich nicht hindurch= finden kann.

In den Lehren des göttlichen Wortes offenbart der heilige Geist durch seine Gnadenwirkungen selbst seine Gegenwart. Durch seine Wirkung werden wir wiedergeboren und durch sein Innewohnen besitzen wir übermenschliche Kraft. Die Wissenschaft, fälschlich so benannt, wenn sie gegen die Existenz und die Gegenwart des heiligen Geistes unter dem Volke Gottes gerichtet ist, offenbart dadurch nur ihre Thorheit und ihre Verachtung derer, welche neue Creaturen in Christo geworden sind. Der heilige Geist, welcher Propheten inspi= rirte und Apostel ausrüstete, begeistert, leitet und tröstet auch heute noch die wahren Gläubigen. Dem wahren Christen ist die Persönlichkeit des heiligen Geistes wesentlicher als irgend eine Theorie, welche die Wissenschaft bietet, denn die soge= nannte Wissenschaft ist Muthmaßung, die sich auf menschliche Beobachtungen gründet und daher beständig ihre Schlüsse wechselt. Aber das Dasein des heiligen Geistes ist dem Kinde Gottes eine Sache biblischer Offenbarung und wirklicher Erfahrung.

Manche Ungläubige behaupten, es gäbe keine andere Wir= kungsäußerung in der Welt als physische Kraft, während im Gegentheil tausende und hunderttausende, die sich niemals betrügen ließen, durch eine Kraft, die weder physisch noch

geistig, sondern geistlich ist, zu göttlichem Leben geführt wur=
den. Menschen, die in der Sünde todt waren, Trunkenbolde,
die ihre Willenskraft verloren, Flucher, die ihre Reinheit
verloren, verthierte Unzüchtige, Ungläubige, die ihre eigene
Schande ausschäumten, sind in ungezählten Schaaren durch
den Geist erneuert worden und wandeln jetzt im Adel wahrer
Männlichkeit einher, und es ist zwischen ihnen und ihrem
früheren Leben eine große Kluft befestigt. Laßt Andere zu
ihrem Verderben die unvergängliche Wahrheit verwerfen.
Ich glaube, und mein Glaube darin wird täglich stärker, daß
der heilige Geist göttliche, wunderwirkende, schöpferische Kraft
besitzt. Erhaben über und dennoch in Uebereinstimmung mit
allen Naturgesetzen, verwaltet der heilige Geist die Schöpfung,
Vorsehung und die Entwickelung der Kirche Gottes auf Erden.
Sein Amt ist das Amt des Lebens und viel herrlicher als das
Amt des Gesetzes (2 Cor. 3, 6–10). Und wie der ewige
Sohn hat der ewige Geist das Leben in ihm selbst, und wirkt
alle Dinge nach dem Rath seines Willens und zur ewigen
Verherrlichung der heiligen Dreieinigkeit.

Der heilige Geist hat alle die zu einer Person gehörigen
Eigenschaften: die Kraft zu verstehen und den Willen zu
handeln, zu wirken, zu berufen, zu fühlen, zu lieben. Dieses
kann von keinem bloßen Einfluß gesagt werden. Er besitzt
Eigenschaften und Anlagen, die nur einer Person zugeschrie=
ben werden können, da Thaten und Handlungen durch ihn
gewirkt werden, die durch eine Maschine, einen Einfluß oder
ein blindes Resultat nicht geschehen können.

Agent und Werkzeug.

Der heilige Geist entspricht genau den Worten Jesu:
„Der Geist ist es, der da lebendig macht, das Fleisch ist kein
nütze; die Worte, die ich rede sind Geist und sind Leben.“ Die
Botschaft des Evangeliums läßt sich von dem heiligen Geiste

nicht trennen. Wenn er das Wort nicht mit seiner Kraft begleitet, so ist die Predigt umsonst. Menschliche Redekunst oder Ueberredungskunst gleicht nur dem Rütteln an den Todten, wenn der lebendige Geist nicht dabei ist. Der Prophet mag den Todtengebeinen predigen, aber es ist der Hauch von Oben, welcher die Erschlagenen beleben kann.

Im dritten Capitel der ersten Epistel Petri heißt es: „Sintemal auch Christus einmal für unsere Sünden gelitten hat, der Gerechte für die Ungerechten, auf daß er uns opferte, und ist getödtet nach dem Fleisch, aber lebendig gemacht nach dem Geist."

Hier sehen wir, daß Christus durch denselben Geist aus dem Grabe auferweckt wurde, und die Kraft, welche den todten Leib Christi erweckte, muß auch unsre todten Seelen erwecken und beleben. Keine andere Macht auf Erden kann einer todten Seele Leben mittheilen, als diejenige, welche den Leib Christi aus Josephs Felsengruft hervorrief. Und wenn wir wünschen, daß diese Kraft unsere in Sünden todten Freunde beleben soll, so müssen wir auf Gott schauen, daß er es thut, und nicht auf Menschen. Wenn wir nur auf die Prediger, wenn wir nur auf Christi Jünger blicken, daß sie dieses Werk thun sollen, dann werden wir getäuscht; aber wenn wir auf den Geist Gottes schauen und erwarten, daß die Hülfe von ihm und nur von ihm kommt, so ehren wir den Geist Gottes, und er führt sein Werk herrlich aus.

Das Geheimniß des Erfolgs.

Ich kann nicht umhin, zu glauben, daß es viele Christen gibt, welche gerne erfolgreicher sein möchten im Dienste Gottes, und der Zweck dieses Buches ist, das Wesen des heiligen Geistes zu betrachten, damit sie sehen, von wem sie diese Kraft zu erwarten haben. In den Lehren Christi finden wir die letzten Worte Matth. 28, 19 aufgezeichnet: „Darum

gehet hin und lehret alle Völker, und taufet sie im Namen des
Vaters, und des Sohnes, und des heiligen Geistes." Hier
finden wir, daß der heilige Geist und der Sohn dem Vater
gleich sind — sind eins mit ihm, „lehret sie im Namen des
Vaters, und des Sohnes, und des heiligen Geistes." Christus
gab hier den Aposteln ihren Auftrag. Er war im Begriffe,
sie zu verlassen. Sein Werk auf Erden war vollendet und er
war eben im Begriffe, seinen Sitz zur Rechten Gottes einzunehmen, und er redete zu ihnen und sprach: „Mir ist gegeben
alle Gewalt im Himmel und auf Erden." Alle Gewalt —
somit hatte er Autorität. Wäre Christus blos Mensch
gewesen, wie Manche behaupten wollen, so wäre es für ihn
Gotteslästerung gewesen, seinen Jüngern zu sagen, hin zu
gehen und alle Völker zu taufen im Namen des Vaters, in
seinem eigenen Namen und in dem des heiligen Geistes, und
sich selbst dem Vater gleich zu stellen.

Es sind hier drei Dinge: Alle Gewalt ist mir gegeben;
gehet und lehret alle Völker. Was sollten sie lehren?
zu halten Alles. Es gibt heutzutage viele Leute, welche
sich willig finden, dasjenige zu halten, was ihnen gefällt an
Christo; aber was ihnen nicht zusagt, von dem wenden sie
sich ab und lassen es fahren. Aber sein Auftrag an seine
Jünger lautet: Gehet, lehret alle Völker zu halten Alles, was
ich euch befohlen habe. Und welches Recht hat ein von Gott
gesandter Bote, seine Botschaft zu ändern? Wenn ich einen
Diener sende, meinen Auftrag auszurichten, und derselbe denkt,
der Auftrag laute nicht gerade nach Wunsch — ein wenig
derb — und dieser Diener ginge dann und veränderte die
Botschaft, so würde ich ziemlich bald seine Stellung ändern,
er hätte mir lange genug gedient. Und wenn ein Prediger,
ein Botschafter Christi anfängt, Christi Botschaft zu ändern,
weil er denkt, dieselbe solle etwas anders sein, und meint er
sei weiser als Gott, so wird ihn der Herr alsbald entlassen.

Sie haben nicht „Alles" gelehrt. Sie haben Manches, das Christus uns zu halten geboten, ausgelassen, weil sie meinten, es stimme mit der menschlichen Vernunft nicht überein. Aber wir müssen Gottes Wort annehmen, gerade wie es ist; und wenn wir es annehmen, so haben wir kein Recht, herauszunehmen was uns gerade gefällt und was uns passend erscheint, und die dunkle Vernunft dabei zur Führerin zu wählen.

Es ist das Werk des Geistes, Eindruck auf die Herzen zu machen und das geprebigte Wort zu versiegeln. Sein Amt ist es, von dem, was Christo ist, zu nehmen und es uns zu verkündigen.

Manche Menschen denken, daß dieses die einzige Dispensation des heiligen Geistes sei, und daß er nicht gewirkt habe bis nach der Verklärung Christi. Aber Simeon fühlte das Wirken des heiligen Geistes, als er in den Tempel ging. In 2 Petri 1, 21 lesen wir: „Die heiligen Menschen Gottes haben geredet, getrieben von dem heiligen Geist." Wir finden denselben Geist im ersten Buche Moses wie in der Offenbarung Johannes. Derselbe Geist, welcher dem Schreiber der Bücher Mosi's die Hand führte, inspirirte auch die Schreiber der Episteln, und wir hören die Stimme desselben Geistes von einem Ende der Schrift bis zum andern. So haben heilige Männer Gottes zu allen Zeiten geschrieben, wie sie vom heiligen Geiste getrieben wurden.

Seine Persönlichkeit.

Ich war schon längst gläubig geworden, ehe ich ausfand, daß der hl. Geist eine Person sei. Und dies ist etwas, welches sehr Viele nicht zu verstehen scheinen; aber wenn ihr nur eure Bibel nehmt und nachseht, was Christus vom hl. Geiste sagt, so findet ihr, daß er von ihm immer als von einer Person redet und denselben niemals als einen Einfluß darstellt. Manche

Leute meinen, der hl. Geist sei eine der göttlichen Eigenschaf=
ten, wie z. E. die Barmherzigkeit — nur ein von Gott aus=
gehender Einfluß. Aber wir finden in Joh. 14, 16: „Und ich
will den Vater bitten, daß er euch soll einen andern Tröster
geben, daß er bei euch bleibe ewiglich." Daß Er bei euch
bleibe ewiglich. Und wieder, in demselben Capitel im 17. Verse:
„Den Geist der Wahrheit, welchen die Welt nicht kann em=
pfangen; denn sie siehet ihn nicht und kennet ihn nicht. Ihr
aber kennet ihn, denn er bleibet bei euch und wird in euch sein."
Und wieder im 26. Verse desselben Capitels: „Aber der Tröster,
der heilige Geist, welchen mein Vater senden wird in meinem
Namen, derselbe wird euch Alles lehren, und euch erinnern
alles deß, was ich euch gesagt habe." Merkt die persönlichen
Fürwörter „der" und „derselbe". Ich möchte die Aufmerk=
samkeit auf den Punkt lenken, daß Jesus stets, wenn er von
dem hl. Geiste redete, ihn als eine Person bezeichnete, nicht als
einen bloßen Einfluß; und wollen wir den hl. Geist ehren, so
laßt uns bedenken, daß er einer von der Dreieinigkeit, eine
Person in der Gottheit ist.

Die Fülle der Liebe.

Wir lesen, daß die Frucht des Geistes Liebe ist. Gott ist die
Liebe, Christus ist die Liebe, und es sollte uns daher nicht auf=
fallend sein, von der Liebe des hl. Geistes zu lesen. Welche
herrliche Eigenschaft ist dies. Ich möchte sie die Kuppel an
dem Tempel der Gnade nennen. Oder besser noch — sie ist
die Krone aller Kronen auf dem Haupte des dreieinigen Gottes.
Menschliche Liebe ist natürlicher Gefühlsdrang, welcher dem
Gegenstande unserer Neigung entgegenstrebt. Aber die gött=
liche Liebe überragt die menschliche Liebe so hoch wie der
Himmel die Erde. Der natürliche Mensch ist von der Erde und
irdisch, und wie rein auch seine Liebe sein mag, so ist sie doch
im besten Falle schwach und unvollkommen. Aber die Liebe

Gottes ist vollkommen und völlig. Sie ist ein gewaltiger Ocean in ihrer Ausdehnung, die bei dem ewigen Geiste wohnt und von demselben ausgeht.

In Römer 5, 5 lesen wir: „Hoffnung aber läßt nicht zu Schanden werden; denn die Liebe Gottes ist ausgegossen in unser Herz durch den heiligen Geist, welcher uns gegeben ist." Wenn wir nun Gottes Mitarbeiter sind, so müssen wir Eins nothwendigerweise haben, und das ist Liebe. Es mag Jemand ein tüchtiger Advokat sein und gut voran kommen, ohne Liebe zu seinen Clienten zu haben. So mag Jemand ein erfolgreicher Arzt sein, ohne seine Patienten zu lieben; desgleichen kann ein Mann in Geschäften gut voran kommen und ein tüchtiger Kaufmann sein, ohne Liebe zu seinen Kunden zu haben; aber es kann ohne Liebe Niemand Gottes Mitarbeiter sein. Wenn unser Gottesdienst nur ein leeres Bekenntniß ist, je eher wir dasselbe dann fahren lassen je besser. Wenn Jemand Gottes Werk betreibt wie ein Handwerk, je eher er dann heraustritt desto besser.

Wir können ohne Liebe für Gott nicht wirken. Sie ist der einzige Baum, welcher in dieser unter dem Fluch der Sünde liegenden Welt gottgefällige Früchte tragen kann. Wenn ich weder Liebe zu Gott noch zu meinen Mitmenschen habe, kann ich nicht wirken, wie es Gott gefällt. Ich gleiche dann einem tönenden Erz und einer klingenden Schelle. Wir lesen: „Die Liebe Gottes ist ausgegossen in unser Herz durch den heiligen Geist." Wenn nun diese Liebe ausgegossen ist in unser Herz, so sind wir zum Dienste Gottes ausgerüstet; wenn nicht, dann nicht. Es ist so leicht, Jemand zu erreichen, wenn man ihn liebt; alle Hindernisse fallen dann von selbst hinweg.

Paulus schreibt an Titus und ermahnt ihn (Cap. 3, 1) gesund zu sein im Glauben, in der Liebe und in der Geduld. In unserer Zeit ist die Kirche, so lange ich mich erinnern kann, sehr besorgt, daß die Glieder gesund sind im Glauben. Wenn

2

Jemand ungesund wird im Glauben, so ziehen sie ihr kirch=
liches Schwert und hauen auf ihn los; er mag aber noch so
ungesund sein in der Liebe, so läßt man ihn ruhig gehen. Er
mag noch so ungesund sein in der Geduld, und wenn er stets
klagt und sorgt, so kümmert man sich darum weiter nicht.
Nun sagt uns aber die Schrift, daß wir nicht nur im Glauben,
sondern auch in der Liebe und Geduld gesund sein sollen. Ich
glaube, Gott kann viele seiner Knechte darum nicht gebrauchen,
weil sie voller Sorgen und Ungeduld sind; sie jammern be=
ständig vom Morgen bis an den Abend; ihre Lippen sind stumm
für den Herrn und weil ihnen die Liebe fehlt, können sie nicht
wirken für Gottes Sache. Ich meine nicht, nur Diejenigen zu
lieben, die uns lieben; dazu bedarf es keiner Gnade; der wil=
deste Hottentotte und der verkommenste Mensch in der Welt
vermag das. Dazu bedarf es gar keiner Gnade. Dies that
ich, ehe ich je bekehrt war. Liebe erzeugt Liebe und Haß erzeugt
Haß. Wenn ich weiß, daß mich Jemand zuerst liebt, so geht
meine Liebe ihm entgegen. Angenommen, es kommt Jemand
zu mir und sagt: „Mr. Moody, es sagte mir heute ein gewisser
Mann, Sie wären der gemeinste Mensch auf Erden.“ Nun,
wenn ich nicht ein bedeutendes Maß der göttlichen Gnade in
meinem Herzen hätte, so wüßte ich, daß üble Gefühle in mei=
nem Inneren auftauchten gegen jenen Mann, und es würde
nicht lange dauern, bis ich ihm entsprechend entgegnete.
Haß erzeugt Haß. Aber wenn nun Jemand zu mir käme und
sagte: „Mr. Moody, wissen Sie, daß mir jener Mann, welchen
ich heute traf, sagte, daß er sehr viel von Ihnen hält?“ Und
wenn ich die Person nie gesehen hätte, so würde sich doch in
meinem Herzen eine Art Liebe gegen ihn regen. Liebe erzeugt
Liebe, das wissen wir Alle; aber es erfordert Gnade von Gott,
den zu lieben, der Lügen von mir redet, der mich verleumdet,
der versucht, meinen Charakter zu untergraben; es erfordert
Gnade, den zu lieben. Ihr möget die Sünde hassen, welche

er begangen hat; es ist ein Unterschied zwischen der Sünde und dem Sünder; ihr möget erstere von ganzem Herzen hassen, aber den Sünder sollt ihr lieben. Widrigenfalls könnet ihr ihm nicht zum Segen werden. Ihr wißt, der erste Impuls eines Neubekehrten ist zu lieben. Erinnert ihr euch an den Tag eurer Bekehrung? War euer Herz damals nicht voll süßen Friedens und Liebe?

Der rechte Ausfluß.

Ich erinnere mich jenes Morgens, da ich aus meiner Stube trat und zum ersten Mal den lebendigen Glauben geschmeckt hatte, wie ich meinte, die alte Sonne scheine bedeutend heller als je zuvor; es kam mir vor, die Sonne lächle gerade mir zu, und während ich über die Boston Commons dahinschritt und die Vögel singen hörte, schien es, als trillerte jeder ein Freuden= lied für mich. Glaubt ihr nicht, daß ich mit den Vögeln Lieb= schaft anknüpfte? Früher kümmerte ich mich nicht um dieselben; jetzt schien es mir, daß ich in die ganze Schöpfung verliebt sei. Ich hegte gegen Niemand bittere Gefühle und war bereit, Jedermann an meine Brust zu drücken. Hat Jemand nicht die Liebe Gottes ausgegossen in sein Herz, der ist nicht wiederge= boren. Wenn derselbe in der Bekenntnißstunde aufsteht und ihr hört, wie er an allen Leuten Fehler sieht, so verlaßt euch darauf, daß er nicht gründlich bekehrt ist; seine Bekehrung ist falsch, sie hat nicht den rechten Klang, denn der Drang der bekehrten Seele ist zu lieben, und nicht über Andere zu klagen und ihre Fehler aufzusuchen. Aber es ist schwierig für uns, uns beständig in der rechten Atmosphäre zu bewegen. Wenn uns Jemand ungerecht behandelt, so hassen wir ihn vielleicht; wir haben die Gnadenmittel nicht so benutzt, wie wir hätten sollen, wir haben nicht die entsprechende Nahrung aus dem Worte Gottes gezogen, und es springt eine böse Wurzel auf in unsern Herzen, vielleicht ohne daß wir's recht gewahr werden, aber unser Herz ist verbittert, und wir sind nicht in dem Stande, erfolgreich für den Herrn zu wirken. Die Liebe Gottes ist nicht ausgegossen in unser Herz durch den hl. Geist, wie es sein sollte.

Aber das Werk des heiligen Geistes ist, Liebe mitzutheilen. Paulus konnte sagen: „Die Liebe Christi dringet uns also." Er konnte nicht unterlassen, von Ort zu Ort zu gehen, um das Evangelium zu verkündigen. Jeremias sagte einst, er wolle nicht mehr reden von dem Namen des Herrn, er habe genug gelitten, dies Volk liebe nicht Gottes Wort. Sie lebten in einer gottlosen Zeit, wie auch wir heute. Ungläubige erhoben sich überall und sprachen, das Wort Gottes sei nicht wahr. Jeremias hatte gestanden wie eine feurige Mauer, trat den Spöttern kühn entgegen und bezeugte, daß das Wort Gottes Wahrheit sei. Zuletzt warfen sie ihn ins Gefängniß, und er sagte: „Ich will stille sein, es hat mich zu viel gekostet." Aber schon kurze Zeit darnach konnte er nicht mehr stille sein. Seine Gebeine entbrannten ihm, er mußte reden. Und wenn wir dermaßen mit der Liebe Gottes erfüllt sind, daß wir es nicht lassen können, für ihn zu wirken, dann segnet er uns. Wenn wir unsere Arbeit aus Zwang ausrichten, ohne die wahre Triebfeder zu besitzen, dann wird nichts damit ausgerichtet.

Nun entsteht die Frage: Haben wir die Liebe Gottes aus= gegossen in unsere Herzen und behalten wir die Wahrheit in der Liebe? Manche Leute behalten die Wahrheit, aber in einer so schroffen Weise, daß sie nicht fruchtet. Andere wieder wollen Alles lieben und lassen dadurch viel von der Wahrheit fahren; aber wir sollen die Wahrheit halten in Liebe; wir sollen die Wahrheit behalten und wenn wir dabei alles andere verlieren; aber wir sollen sie behalten in der Liebe, und wenn wir das thun, dann segnet uns der Herr.

Viele versuchen, dieser Liebe theilhaftig zu werden; sie suchen dieselbe in sich selbst zu erzeugen. Aber darin täuschen sie sich, die tief in unser Herz eingepflanzte Liebe kommt von selbst. Ich brauche nicht zu lernen, meine Kinder zu lieben. Ich kann nicht umhin es zu thun. Ich sagte unlängst zu einem jungen Mädchen, welches meinte, es könne Gott nicht lieben, es sei so schwierig Gott zu lieben: „Ist es auch schwer für dich, deine Mutter zu lieben? Mußt du die Liebe zu deiner Mutter zuerst lernen?" Sie blickte mich durch Thränen an und antwortete: „Ach nein, ich kann ja nicht anders, das ist selbstverständlich." „Nun," sprach ich, „wenn der heilige Geist in deinem Herzen Liebe entzündet, so kannst du nicht umhin, ihn zu lieben, es ist dann auch selbstverständlich." Wenn der heilige Geist in deinem und meinem Herzen ein= kehrt, dann fällt's uns nicht schwer, Gott zu dienen.

Die Frucht des Geistes fängt, wie ihr es im Brief an die Galater findet, mit Liebe an. Dort ist von neun Tugenden die Rede, und unter diesen neun Eigenschaften des Christen stellt Paulus die Liebe vorne an; Liebe ist das erste in dieser herrlichen Sammlung. Es hat dies Jemand erklärt, daß alle die übrigen auch in das Wort Liebe gefaßt werden könn= ten: Freude sei die jubelnde Liebe; Friede, die Liebe ruhend; Geduld, die Liebe in der Prüfung; Freundlichkeit, die Liebe in der Gesellschaft; Gütigkeit, die Liebe in der Thätigkeit; Glaube, die Liebe auf dem Kampfplatze; Sanftmuth, die Liebe gegen die Welt; Keuschheit, die Liebe in der Selbstver= leugnung. So ist es Liebe überall — Liebe vorne, Liebe am Schlusse und Liebe durch die ganze Reihe dieser Tugenden; und wenn alle Menschen diese Früchte des Geistes trügen, welche Welt würde diese Erde dann sein! Man hätte dann keine Polizei nöthig; es könnte Jemand seinen Ueberrock ablegen, ohne befürchten zu müssen, daß er gestohlen würde; es hätte dann Niemand ein Verlangen, Böses zu thun. Paulus sagt: „Gegen solche ist das Gesetz nicht." Man braucht dann kein Gesetz. Ein Mensch, welcher erfüllt ist von

dem Geiste Gottes, braucht nicht unter das Gesetz gestellt zu
werden, er braucht keine Polizei, um ihn zu bewahren. Wir
könnten unsere ganze Polizei dann entlassen, die Advokaten
könnten ihre Praxis an den Nagel hängen, und die Gerichte
würden keine Arbeit mehr haben.

Die Triumphe der Hoffnung.

In Römer 15, 13 sagt der Apostel: „Gott aber der Hoff=
nung erfülle euch mit aller Freude und Frieden im Glauben,
daß ihr völlige Hoffnung habt durch die Kraft des heiligen
Geistes." Das nächste ist also Hoffnung.

Habt ihr schon beobachtet, daß Gott keinen Mann und
keine Frau im Aufbau seines Reiches gebraucht, die ihre
Hoffnung verloren haben? Ich habe dies in verschiedenen
Theilen unseres Landes wahrgenommen, daß wo immer sich
eine solche Person im Weinberge des Herrn zu arbeiten
bemühte, da geschah es ohne Erfolg. Betrachtet nur solche
Arbeiter. Laßt die Vergangenheit vor eurem Gemüth vor=
übergehen. Könnt ihr euch an einen solchen Mann oder
eine Frau erinnern, welche Gott im Aufbau seines herrlichen
Reiches gebrauchte, die die Hoffnung verloren hatten? Ich
kenne keine. Ich habe nie von Jemand derart gehört. Es
ist von großer Bedeutung in der Kirche, Hoffnung zu haben,
und dieselbe wird durch den heiligen Geist mitgetheilt. Wenn
derselbe in einer Gemeinde einkehrt, wo seit Jahren keine
Bekehrungen stattgefunden haben, und es wird eine Anzahl
Seelen zu Gott bekehrt, beobachtet nur, wie auf einmal die
Hoffnung daselbst wach wird. Er erweckt Hoffnung; eine
mit dem Geiste Gottes erfüllte Person ist hoffnungsvoll.
Sie schaut voraus in die Zukunft, und Alles ist hell, denn sie
weiß, daß der Gott aller Gnaden große Dinge zu thun im
Stande ist. So ist es also von großer Bedeutung, daß wir
Hoffnung haben.

Wenn Jemand die Hoffnung verloren hat, so ist er aus der Gemeinschaft mit Gott gefallen; der Geist Gottes wohnt nicht in ihm, um ihn zu seinem Dienste zu begeistern; er mag ein Kind Gottes sein, aber so verzagt, daß ihn Gott nicht gebrauchen kann. Wißt ihr auch, daß kein Fall in der Schrift verzeichnet ist, wo Gott sich nur eines entmuthigten Zeugen bediente? Vor einigen Jahren fühlte ich mich in meiner Arbeit ganz entmuthigt und war im Begriff, meinen Kopf hängen zu lassen und mich unter den Wachholder zu setzen. Ich war sehr niedergeschlagen. In diesem Zustande hatte ich seit einigen Wochen gelebt, als eines Montagsmorgens ein Freund, der eine große Bibelclasse lehrte, in mein Studirzimmer trat. Ich pflegte seine Notizen über die Sonntagschullection zu prüfen, welche einer Predigt gleich kamen, und daher besuchte er mich an diesem Morgen und sagte: „Was war denn gestern der Gegenstand Ihrer Predigt?" Ich sagte es ihm und fragte: „Wovon haben Sie denn gestern geprediget?" und er antworetete, daß Noah der Gegenstand seines Vortrags gewesen sei. „Haben Sie je über Noah geprediget?" „Nein, ich habe niemals Noah zum Gegenstand meines Vortrags gemacht." „Haben Sie je seinen Charakter zu studiren versucht?" „Nun," sagte ich, „er war ein höchst merkwürdiger Charakter." „Es wird Ihnen von Nutzen sein, den Charakter Noah's zum Gegenstande Ihres Studiums zu machen," sagte er dann und ging. Als er fort war, nahm ich meine Bibel zur Hand und las die Geschichte Noah's; und dann fiel es mir auf, daß Noah 120 Jahre wirkte, und es bekehrte sich keine Seele, und doch schien er nicht entmuthigt zu sein, und ich sagte: „Nun, ich habe keine Ursache, verzagt zu sein;" darnach schloß ich meine Bibel, ging hinaus und die Wolke war verschwunden. Ich besuchte an jenem Tage die Mittagsbetstunde und hörte, wie sie in einem kleinen Städtchen 100 Neubekehrte in die Kirche aufge-

nommen hätten; und sagte für mich, was würde wohl Noah
darum gegeben haben, hätte er dieses hören können, und doch
arbeitete er 120 Jahre, ohne entmuthigt zu werden. Dann
stand ein Mann neben mir auf und sagte: „Freunde, betet
für mich, ich bin ein verlorener Sünder." Dabei dachte ich
wieder, was würde Noah darum gegeben haben, dieses zu
hören. Er hörte nie Jemand sagen: „Betet für mich, ich bin
ein verlorener Sünder," und trotzdem verlor er die Hoffnung
nicht. O Kinder Gottes, laßt uns nicht muthlos werden!
Lasset uns Gott bitten, daß er unsere Verzagtheit uns vergebe
und uns mit neuem Muth und neuer Hoffnung ausrüsten
wolle. Es thut mir bisweilen wohl, manche Leute zu treffen
und sie bei der Hand zu nehmen; sie sind so hoffnungsvoll,
während mich andere mit einer trüben Wolke umgeben, weil
sie stets niedergeschlagen sind und nur die dunkle Seite und
die Hindernisse und Widerwärtigkeiten auf ihrem Wege sehen.

Der Preis der Freiheit.

Das nächste, was der Geist Gottes uns mittheilt, ist Freiheit.
Zuerst gibt derselbe Liebe, darnach Hoffnung und dann Frei=
heit, und das ist am Ende das letzte, was wir in vielen
Gemeinden unserer Zeit finden. Es thut mir leid, sagen
zu müssen, daß in vielen unserer Gemeinden ein Begräbniß
stattfinden muß, ehe wir darauf rechnen können, daß viel
Arbeit für den Herrn gethan wird; wir müssen unseren
Formalismus so tief begraben, daß er nie wieder aufsteht.
Das letzte, was man in vielen Kirchen findet, ist Freiheit.

Wenn das Evangelium gepredigt wird, so kritisiren es die
Leute wie eine theatralische Vorstellung. Viele Christenbe=
kenner denken kaum daran, ernstlich auf das zu hören, was
der Mann Gottes zu sagen hat. Es ist keine leichte Sache,
fleischlich gesinnten Kritikern zu predigen; aber „wo der Geist
des Herrn ist, da ist Freiheit."

Sehr oft hört eine Frau hundert gute Dinge in einer Predigt, dabei aber kommt ihr ein Punkt als etwas unpassend vor, und sie geht heim, und während man zu Tische sitzt, redet sie vor ihren Kindern über diesen unpassenden Punkt und vergrößert denselben noch, aber über die hundert guten Dinge hat sie kein Wort zu sagen. Solches thun Leute, welche kritisiren.

Gott braucht in seinem Dienst keine Gefangenen. Der Zustand Vieler gleicht demjenigen des Lazarus, als er an Händen und Füßen gebunden aus dem Grabe kam. Die Bande verschlossen ihm den Mund und er konnte nicht reden. Er hatte Leben, und wenn Jemand gesagt hätte, Lazarus sei nicht lebendig, so hätte er nicht die Wahrheit gesagt, denn Lazarus war von den Todten auferstanden. Es gibt viele Leute, die sagen gleich, wenn man sie auf etwas Unrechtes aufmerksam macht: „Ich bin gläubig," „ich bin ein Christ." Nun, man kann das auch nicht in Abrede stellen; aber sie sind gebunden an Händen und Füßen.

„Möge Gott diese Fesseln brechen und seine Kinder in Freiheit setzen. Ich glaube, er kommt, um uns zu befreien und will haben, daß wir für ihn wirken und reden sollen. Wie viele Leute möchten in einer Gebetsstunde gerne aufstehen und ein Wort zum Preise Gottes reden, aber es herrscht ein so kalter Geist der Kritik in der Gemeinde, daß sie sich fürchten, es zu wagen. Es fehlt ihnen die nöthige Freiheit dazu. Wenn sie auch aufstehen, so fürchten sie sich doch so vor den Kritikern, daß sie anfangen zu zittern und sich wieder hinsetzen. Sie vermögen nichts zu sagen. Das ist aber unrecht. Der Geist Gottes kommt, um uns Freiheit mitzutheilen, und wo nur das Werk Gottes sich ausbreitet, da wird dieser Geist der Freiheit mitgetheilt. Die Leute fürchten sich dann nicht, zu einander zu reden. Und wenn die Versammlung aus ist, nehmen sie nicht ihre Hüte und versuchen, wie

schnell sie aus der Kirche hinaus kommen können, sondern
schütteln sich einander herzlich die Hände, denn der Geist der
Freiheit waltet daselbst. Viele gehen in die Betstunde nur
aus kaltem Pflichtgefühl. Sie denken: „ich muß doch hin=
gehen, weil es meine Pflicht ist." Sie denken nicht daran,
daß es ein herrliches Vorrecht ist, sich zu versammeln und
mit einander zu beten und gestärkt zu werden, und auch
Andern auf der Pilgerreise durchs Leben förderlich zu
sein.

Was wir gegenwärtig bedürfen, ist ein Herz voll Liebe.
Wollen wir sie haben? Wollen wir nicht auch ein hoffnungs=
volles Leben führen? Und bedürfen wir nicht auch der
Freiheit? Aber alles dies ist das Werk des heiligen Geistes,
und lasset uns täglich beten, daß er uns Liebe, Hoffnung und
Freiheit gebe. Heißt es nicht an die Ebräer, daß wir Freudig=
keit haben, einzugehen in das Heilige durch das Blut unsers
Herrn Jesu Christi? Dies bedeutet Freiheit. Wir können
eingehen in das Heiligste, denn wir haben Freiheit einzutreten,
und dürfen um diese Liebe, Hoffnung und Freiheit bitten, und
wir wollen nicht aufhören damit, bis der Herr die Kraft ver=
leiht, erfolgreich für ihn zu wirken.

Wenn ich heute mein Herz kenne, so wollte ich lieber sterben,
als leben wie einst — ein bloßer Namenchrist, ohne etwas zum
Aufbau des Reiches Gottes zu leisten. Es scheint ein ödes,
armes Leben, ein Leben nur für sich selbst zu sein.

Laßt uns suchen, nützlich zu sein. Lasset uns suchen, Gefäße
zu Gottes Ehre zu sein, daß der Herr, der heilige Geist sich in
uns verklären kann.

> Wie gut ist's, von der Sünde frei,
> Wie selig, Christi Knecht!
> Im Sündendienst ist Sclaverei,
> In Christo Kindesrecht.

Im Sündendienst ist Finsterniß,
Den Weg erkennt man nicht;
Bei Christo ist der Gang gewiß,
Man wandelt in dem Licht.

Wen er frei macht, der ist recht frei,
Er schenkt auch alle Schuld,
Und darum dank ich deiner Treu'
Und rühme deine Huld.

Ich bete an, Herr Jesu Christ,
Und sage: Ich bin dein!
Nimm mich zu dir, denn wo du bist,
Soll auch dein Diener sein.

Wohin sollt' ich, Herr, denn gehen,
Und zu wem denn sollt' ich stehen,
 Daß ich finde Trost und Ruh?
Wer kann mir das Herz erfreuen
Und des Lebens Kraft erneuen?
Lebensworte hast nur du!

Leben heißt ja nicht: sich plagen
Und sich mühen, sorgen, klagen,
Seufzen aus bedrängter Brust;
Leben heißt ja nicht: genießen
Freuden, die so schnell verfließen,
Wie der Erde eitle Lust.

Leben heißt: dem ew'gen Frieden
Unter allem Sturm hienieden
Siegsgewiß entgegen gehn;
Glauben heißt es: lieben, hoffen,
Ueber sich den Himmel offen
Und den Tod gefesselt sehn.

Leben heißt: durch Gottes Gnade
Wandeln auf dem schmalen Pfade
Nach der Himmelspforte zu;
Und solch ew'ges, sel'ges Leben
Kannst nur du, o Herr, mir geben:
Lebensworte hast nur du.

Kapitel II.

Kraft "in" und "auf" uns.

Ihr erinnert euch der eigenthümlichen halbfreiwilligen „vierzig Jahre," die Moses in der Wüste zu Midian zubrachte, nachdem er aus Egypten entflohen war. Ihr erinnert euch ebenfalls der fast ebenso eigenthümlichen Jahre der Zurückgezogenheit, welche Paulus in Arabien zubrachte, als doch, wenn je, nach menschlicher Meinung, schnelles Handeln erforderlich war. Und besonders erinnert ihr euch an den merkwürdigen Auftrag des auffahrenden Herrn an seine Jünger: „Bleibet zu Jerusalem." Nach menschlichen Begriffen dürfte man sich nicht wundern, wenn der offene Petrus und der innige Jakobus gesagt hätten: „Warten, Herr! Wie lange?"—„Warten, Herr! Seufzt nicht die sterbende Welt nach der frohen Botschaft?"—„Warten! Haben wir dich auch recht verstanden, Herr? Waren die Worte nicht übereilt?" Nein. Als der Herr mit ihnen versammelt war, gebot er ihnen, daß sie nicht von Jerusalem wichen, sondern warteten auf die Verheißung des Vaters. (Apg. 1, 4.)   Grosart.

Kraft "in" und "auf" uns.

Das Wohnen des heiligen Geistes i n u n s ist das eine; ich denke, das ist deutlich in der Schrift ausgesprochen; und das Ruhen des heiligen Geistes a u f u n s zu seinem Dienste, ist ein anderes. Wir finden in der Schrift nur drei Plätze als Wohnung des heiligen Geistes bezeichnet.

In 2 Mose 40, anfangend mit dem 33. Verse, lesen wir Folgendes:

„Und er (Moses) richtete den Vorhof auf um die Wohnung und um den Altar her, und hing den Vorhang in das Thor des Vorhofs. Also vollendete Mose das ganze Werk.

„Da bedeckte eine Wolke die Hütte des Stifts, und die Herrlichkeit des Herrn erfüllete die Wohnung.

„Und Mose konnte nicht in die Hütte des Stifts gehen, weil die Wolke darauf blieb, und die Herrlichkeit des Herrn die Wohnung füllete."

In dem Augenblick, als Moses das Werk vollendete, in dem Augenblick, als die Stiftshütte fertig war, kam die Wolke, die Herrlichkeit der Schechinah, und erfüllete dieselbe, daß Moses nicht zu stehen vermochte vor dem Angesichte des Herrn. Ich glaube fest, daß in dem Augenblick, in welchem unsre Herzen von Stolz und Selbstsucht, Weltsinn und Selbstgefälligkeit und Allem, das dem Gesetz Gottes zuwider ist, gereinigt werden, der heilige Geist kommt und erfüllt jeden Winkel unseres Herzens; sind wir aber voll Hochmuth und Einbildung, voll Eitelkeit und Selbstsucht und weltlicher Lust, so bleibt kein Raum für den Geist Gottes, und ich glaube, gar Mancher betet zu Gott, ihn mit seinem Geist zu erfüllen, während er mit andern Dingen angefüllt ist. Ich glaube,

31

ehe wir beten, Gott solle uns mit seinem Geist erfüllen, müssen
wir beten, uns von Anderem zu leeren.

Es muß der Erfüllung eine Entleerung vorausgehen; und
wenn das Herz umgekehrt und alles aus demselben entfernt
ist, das Gott mißfällt, dann kommt der heilige Geist, so wie
er dort in die Stiftshütte kam, und erfüllt uns mit seiner
Herrlichkeit. Wir lesen in 2 Chron. 5, 13: „Und es war
als wäre es Einer, der trompetete und sänge, als hörte man
eine Stimme, zu loben und zu danken dem Herrn. Und da
die Stimme sich erhob von den Trompeten, Cymbeln und
andern Saitenspielen und von dem Loben des Herrn, daß er
gütig ist und seine Barmherzigkeit ewig währet, da ward das
Haus des Herrn erfüllet mit einer Wolke, daß die Priester
nicht stehen konnten, zu dienen vor der Wolke; denn die
Herrlichkeit des Herrn erfüllete das Haus Gottes.“

Preisen mit vereinigtem Herzen.

Wir finden, daß in dem Augenblick, da Salomo seinen
Tempel vollendet hatte, und das Volk den Herrn lobte mit
vereinigtem Herzen — die Spieler und Sänger und Prediger
waren eines Herzens, da war kein Mißton; sie lobten Alle
Gott, und die Herrlichkeit des Herrn kam und erfüllete den
Tempel wie einst die Stiftshütte. Wenden wir uns nun zum
Neuen Testament, so finden wir, daß anstatt Stiftshütte und
Tempel, die Gläubigen nun die Tempel des heiligen Geistes
sind. An dem Tage der Pfingsten, ehe Petrus jene merkwür=
dige Predigt hielt, und sie versammelt waren im Gebet, kam
der heilige Geist, und er kam mit mächtiger Kraft. Wir beten
jetzt um des Kommen des heiligen Geistes und singen:

> „Komm, heil'ger Geist, o Schöpfer du,
> Sprich unsern armen Seelen zu!
> Erfüll in Gnaden, süßer Gast,
> Die Brust, die du geschaffen hast.“

Ich denke, dies ist schon recht, wenn wir es richtig verstehen; wenn wir aber beten, daß er vom Himmel auf die Erde herab kommen solle, so ist das verkehrt, denn er ist bereits da; er hat seit 1800 Jahren die Erde nicht verlassen; er war in der Kirche und ist mit allen Gläubigen; die Gläubigen in der Kirche sind die Berufenen; sie sind berufen von der Welt, und jeder Gläubige ist ein Tempel des heiligen Geistes, in welchem er wohnet. In Joh. 14, 17 stehen die Worte Jesu:

„Der Geist der Wahrheit, welchen die Welt nicht kann empfangen, denn sie siehet ihn nicht und kennet ihn nicht; aber ihr kennet ihn, und er wird in euch sein."

„Denn der in euch ist, ist größer, denn der in der Welt ist." Wenn der heilige Geist in uns wohnet, so gibt er uns Macht über die Welt und über das Fleisch und über jeden Feind. „Derselbige wohnet bei euch und wird in euch sein."

In 1 Cor. 3, 16 lesen wir: „Wisset ihr nicht, daß ihr Gottes Tempel seid, und der Geist Gottes in euch wohnet?"

Vor einiger Zeit wurde ein alter, frommer Knecht des Herrn begraben; er war arm, wie viele von Gottes Kindern, die arm sind in dieser Welt; aber sie sind reich, sie haben allen ihren Reichthum an der andern Seite des Lebens — sie haben denselben aufgelegt, wo die Diebe nicht darnach graben, wo die Betrüger ihn nicht antasten, noch die Motten ihn verzehren können. So war dieser alte Mann sehr reich in jener Welt, und die Leute beeilten sich, ihn schnell zum Grabe zu bringen, um seiner los zu werden; aber der betagte Prediger, welcher die Leichenrede hielt, sprach: „Geht vorsichtig mit dem Leichnam um, denn ihr traget den Tempel des heiligen Geistes." Wo ihr nur einen Gläubigen seht, da seht ihr einen Tempel des heiligen Geistes.

Wir lesen in 1 Cor. 6, 19. 20: „Wisset ihr nicht, daß euer Leib ein Tempel des heiligen Geistes ist, der in euch ist, welchen ihr habt von Gott, und seid nicht euer selbst? Denn

3

ihr seid theuer erkauft. Darum so preiset Gott an eurem
Leibe und in eurem Geiste, welche sind Gottes." So lehrt
uns die Schrift, daß in jedem Kinde Gottes ein göttlicher
Einwohner lebt.

Ich denke, die Schrift lehrt deutlich, daß der heilige Geist in
jedem Gläubigen wohnt. Er mag den Geist Gottes dämpfen
und er mag Gott nicht verherrlichen, wie er sollte; ist er aber
gläubig an den Herrn Jesum Christum, so wohnt der heilige
Geist in ihm. Aber ich möchte eure Aufmerksamkeit auf
einen andern Punkt lenken. Ich glaube, daß obwohl christliche Leute den heiligen Geist heute besitzen, so wohnt er doch
in vielen nicht in Kraft; oder in andern Worten: Gott hat
viele kraftlose Söhne und Töchter.

Was uns noth thut.

Neun-Zehntel aller Kirchenglieder denken nicht daran, für
Jesum zu zeugen. Wenn sie Jemand, vielleicht einen nahen
Verwandten, sehen schnell dem Verderben entgegen gehen, so
fällt es ihnen dennoch nicht ein, ihn in seiner Sünde zu
warnen und ihn für Christum zu gewinnen. Da muß wahrlich etwas nicht recht sein. Und doch, wenn man mit ihnen
spricht, so findet man sie gläubig, und man kann nicht sagen,
daß sie nicht Kinder Gottes sind; aber es fehlt ihnen die
Kraft, es fehlt ihnen die Freiheit, es fehlt ihnen die Liebe,
welche die wahren Jünger Jesu besitzen sollten. Viele sind
der Meinung, daß wir neue Maßregeln, neue Kirchen, neue
Orgeln, neue Singchöre und andre neue Sachen nöthig
hätten. Das ist's nicht, was die Kirche Gottes heute braucht.
Es ist die alte Kraft, welche die Apostel hatten, was wir
nöthig haben; und wenn uns diese mitgetheilt wird, so gibt
es neues Leben in unsern Gemeinden. Dann bekommen wir
neue Prediger—dieselben alten Prediger angethan mit Kraft,

erfüllt mit dem heiligen Geist. Ich erinnere mich, als ich in Chicago war, und Viele sich bemühten im Werke des Herrn, da schien es, als wolle sich der Wagen des Evangeliums nicht fortbewegen. Auf einmal fing ein Prediger an, aus der Tiefe seines Herzens zu rufen: „O Gott, stelle neue Prediger auf jede Kanzel!" Am folgenden Montag hörte ich einige der Brüder sagen: „Wir hatten neue Prediger am vorigen Sonntage—es waren dieselben alten Prediger, aber angethan mit neuer Kraft. Und ich glaube fest, das ist's, was wir heute über ganz Amerika bedürfen. Wir brauchen neue Prediger auf den Kanzeln und neue Leute in den Kirchensitzen —Leute, belebt vom heiligen Geiste, Leute erfüllt mit gött= licher Kraft aus der Höhe.

Wenn Jemand erfüllt ist mit dem heiligen Geiste, so ver= steht er auch, „das Schwert des Geistes" zu gebrauchen. Ist er nicht erfüllt mit dem Geiste Gottes, so weiß er nicht den richtigen Gebrauch vom Worte Gottes zu machen. Wir werden belehrt, daß es das Schwert des Geistes ist, womit wir kämpfen. Wozu nützt nun eine Armee, wenn sie ihre Waffen nicht zu gebrauchen versteht? Angenommen wir befänden uns in der Schlacht, und ich wäre ein General und hätte ein Heer von 100,000 gesunden, kräftigen Männern voller Leben, aber keiner derselben verstände ein Schwert zu führen und keiner wüßte, mit einem Gewehr umzugehen, was würde das Heer mich nützen? Ei, eintausend gut eingeübte Männer mit guten Waffen würden den ganzen Haufen jagen. Die Ursache, warum die Kirche den Feind nicht zu besiegen vermag, ist, daß sie das Schwert des Geistes nicht zu gebrauchen ver= steht. Man steht auf und versucht den Teufel mit seiner Erfahrung zu bekämpfen, aber was fragt er darnach, er wird jedesmal den Sieg davon tragen. Wieder versuchen Manche, ihn mit Theorien und Lieblingsansichten zu bekämpfen, aber jedesmal werden sie geschlagen. Was uns hilft, ist das

Schwert des Geistes zu ziehen. Dieses schneidet tiefer als sonst etwas vermag.

Nehmt eure Bibeln und leset Eph. 6, 14–17: „So stehet nun, umgürtet eure Lenden mit Wahrheit, und angezogen mit dem Krebs der Gerechtigkeit, und an Beinen gestiefelt, als fertig zu treiben das Evangelium des Friedens, damit ihr bereitet seid. Vor allen Dingen aber ergreifet den Schild des Glaubens, mit welchem ihr auslöschen könnet alle feuri= gen Pfeile des Bösewichts. Und nehmet den Helm des Heils und das Schwert des Geistes, welches ist das Wort Gottes."

Die beste Waffe.

Das Schwert des Geistes ist das Wort Gottes, und was wir aber besonders nöthig haben, ist die Fülle des heiligen Geistes, damit wir dieses Schwert recht zu gebrauchen wissen. Einst redete ein christlicher Mann mit einem Ungläubigen, und als jener die Schrift anführte, sagte dieser: „Ich glaube nicht an dieses Buch." Aber der Christ ließ sich nicht irre machen, sondern fuhr fort, Schrift anzuführen, und der Zweifler wiederholte: „Ich glaube an dieses Buch nicht"; aber der Bruder drang weiter mit der Schrift auf ihn ein, bis er ergriffen wurde. „Wenn ich einmal ein Schwert ver= sucht habe," sagte der Christ, „und habe es gut gefunden, so werde ich es weiter gebrauchen." Das ist's, was wir nöthig haben. Zweifler und Ungläubige mögen sagen, daß sie es nicht glauben. Es ist nicht unsre Aufgabe, sie das Wort Gottes glauben zu machen. Das ist das Werk des Geistes. Unsre Aufgabe ist, ihnen das Wort Gottes zu geben; nicht unsre eignen Theorien und Ideen, sondern ihnen das Wort mittheilen, gerade wie Gott es uns gegeben hat. Wir lesen in der Schrift von dem Schwert des Herrn und Gideon. Angenommen, Gideon wäre ohne Gottes Wort ausgezogen, dann wäre er besiegt worden. Aber der Herr gebrauchte

Gideon; und ihr werdet immer in der Schrift finden, daß Gott menschliche Werkzeuge beruft und braucht. Ich glaube nicht, daß ihr einen Fall findet, wo ein Mann bekehrt wurde, ohne daß Gott ein menschliches Werkzeug dabei benützt hätte. Er könnte dies in seiner göttlichen Majestät allerdings ohne uns thun, das unterliegt keinem Zweifel. Selbst als Saulus durch die Herrlichkeit Jesu Christi geblendet und zu Boden geworfen wurde, wurde Ananias gerufen, um ihm die Augen zu öffnen und ihn zum Licht des Evangeliums zu führen. Ich hörte einmal Jemand sagen, wenn man einen Menschen auf den Gipfel eines Berges, hoch wie die Alpen setzen würde, so könnte Gott ihn ohne einen menschlichen Boten zur Bekehrung führen; aber das ist nicht die Weise Gottes, er pflegt nicht so zu wirken, sondern es ist das „Schwert des Herrn und Gideon"; und der Herr und Gideon thun das Werk. Sind wir nur recht willig, so wird uns der Herr schon gebrauchen können.

Nicht von „Selbst."

Weiter finden wir durchweg in der Schrift, daß die Leute, welche vom Geiste Gottes erfüllt wurden, Christum predigten und nicht sich selbst. Sie predigten den gekreuzigten Christum. In Lukas 1, 67 findet ihr Folgendes von Zacharias, dem Vater Johannes des Täufers:

„Und sein Vater Zacharias ward des heiligen Geistes voll, weissagte und sprach: Gelobet sei der Herr, der Gott Israels, denn er hat besucht und erlöset sein Volk. Und hat uns aufgerichtet ein Horn des Heils, in dem Hause seines Dieners Davids. Als er vorzeiten geredet hat durch den Mund seiner heiligen Propheten."

Seht, er redet vom Wort. Wenn Jemand erfüllt ist mit dem heiligen Geiste, so erhebt er das Wort, er predigt dann Gottes Wort und nicht sich selbst; er bringt der verlornen

Welt das lebendige Wort Gottes. „Und du Kindlein wirst ein Prophet des Höchsten heißen; du wirst vor dem Herrn hergehen, daß du seinen Weg bereitest, und Erkenntniß des Heils gebest seinem Volk, die da ist in Vergebung ihrer Sünden; durch die herzliche Barmherzigkeit unsers Gottes, durch welche uns besucht hat der Aufgang aus der Höhe, auf daß er erscheine denen, die da sitzen in Finsterniß und Schatten des Todes, und richte unsre Füße auf den Weg des Friedens. Und das Kindlein wuchs und ward stark im Geist, und war in der Wüste, bis daß er sollte hervortreten vor das Volk Israel.“ So finden wir wieder, als Elisabeth und Maria zusammentrafen, daß sie von der Schrift redeten, denn sie waren beide erfüllt mit dem heiligen Geiste, und alsobald fingen sie an zu reden von dem Herrn.

Desgleichen finden wir, daß Simeon, sobald er in den Tempel kam und das Kind Jesus sah, anfing von der Schrift zu reden und der Geist Gottes ruhete auf ihm. Und als Petrus dort am Pfingstfest aufstand und jene merkwürdige Predigt hielt, heißt es, daß er mit dem heiligen Geiste erfüllet war, und er fing an, das Wort Gottes zu predigen, daß es der Menge durchs Herz ging. Es war das Schwert des Herrn und Petrus, gleichwie früher das Schwert des Herrn und Gideon. So heißt es auch von Stephanus, daß sie nicht zu widerstehen vermochten der Weisheit, welche er redete. Warum? Weil er ihnen Gottes Wort sagte. Und wir lesen, daß Stephanus so vom Geiste Gottes erfüllt wurde, daß ihm Niemand widerstehen konnte. Desgleichen lesen wir von Paulus, daß er voll war des heiligen Geistes, und er predigte Christum den Gekreuzigten, also daß Viele hinzugethan wurden zu der Gemeine. Barnabas war voll des heiligen Geistes, und wenn ihr nachforschet, was er predigte, so findet ihr, daß es Gottes Wort war, und es wurden Viele zum Glauben gebracht. Wenn also Jemand erfüllt ist vom

Geiste Gottes, so fängt er an zu predigen, nicht sich selbst, sondern Christum, wie er uns geoffenbaret ist in Gottes Wort.

Die Jünger Jesu waren erfüllt mit dem heiligen Geiste und das Wort breitete sich aus. Wenn der Geist Gottes sich auf die Kirche herabsenkt und wir werden gesalbt, so wird Gottes Wort auf Straßen und Gassen verkündigt; es gibt dann keine dunkle Kellerwohnung und kein Dachstübchen, wo das Wort Gottes nicht von liebenden Herzen hingetragen wird, wenn einmal der Geist Gottes in großer Kraft und Herrlichkeit sein Volk erfüllt.

Geistliche Erfrischung.

Es ist möglich, daß eine Person so zur Noth geistliches Leben besitzt und dabei zufrieden ist; und ich denke, daß sich ziemlich Viele in diesem Zustande befinden. In Joh. 3 lesen wir, daß Nicodemus zu Jesu kam und er des Lebens theilhaftig wurde. Anfangs war dieses Leben schwach. Man hört nicht, daß er aufgestanden wäre und hätte den Herrn frei bekannt, noch daß der heilige Geist mit großer Kraft ihm mitgetheilt wurde, obschon er geistliches Leben von Christo besaß. Und dann leset Joh. 4, wo es von dem samaritischen Weibe handelt, als Jesus ihr den Lebensbecher reichte, und sie nahm denselben und trank, und er wurde in ihr ein Brunnen des Wassers, der ins ewige Leben quoll. Das ist besser als in Joh. 3. Hier kam die Kraft in Fluthen in ihre Seele; wie sich Jemand ausdrückt: es kam herab vom Throne Gottes, und wie ein gewaltiger Strom nahm es sie zum Thron Gottes zurück. Das Wasser steigt immer so hoch, als seine Quelle, und wenn wir erfüllet werden mit dem Wasser des Lebens vom Throne Gottes, so trägt uns dasselbe zu seiner Quelle empor.

Wollen wir aber ein Bild von der besten Classe des christlichen Lebens haben, so wenden wir uns zum 7. Kapitel, dort finden wir von dem, der glaubt an den Herrn Jesum Christum, daß „von seinem Leibe Ströme lebendigen Wassers" fließen sollen. Es gibt zwei Methoden, einen Brunnen zu graben. Ich erinnere mich, daß ich als Knabe in New England auf einer Farm wohnte, wo sie einen Brunnen hatten, in welchen man eine alte Holzpumpe steckte, und ich·hatte an Waschtagen und zum Tränken des Viehes das Wasser herauf zu pumpen. O, wie habe ich da gepumpt und gepumpt, bis mir oft mein Arm ganz weh that. Aber gegenwärtig hat man eine bessere Weise. Man gräbt nicht mehr einige Fuß tief und mauert dann den Brunnen aus und steckt eine Pumpe hinein, sondern man gräbt hinunter durch den Lehm und den Sand und den Felsen und weiter hinab, bis man auf die sogenannte tiefere Strömung kommt, dann wird's ein artesischer Brunnen, welcher keines Pumpens bedarf, sondern das Wasser quillt aus der Tiefe von selbst hervor.

So glaube ich, daß der Herr wünscht, seine Kinder sollen alle eine Art artesische Brunnen sein, wobei man nicht zu pumpen braucht, sondern das Wasser von selbst fließt. Ei, habt ihr nicht schon Prediger auf der Kanzel gesehen, wie sie pumpen, pumpen, pumpen? Ich schon oft, ja es ist mir dies schon selbst passirt. Ich weiß, wie das ist. Sie stehen auf der Kanzel und reden und reden, und die Leute schlafen ein, daß man sie kaum aufwecken kann. Wo fehlts? Ei, das Wasser des Lebens fehlt; man pumpt, aber es ist kein Wasser im Brunnen. Aus einem trocknen Brunnen kann man kein Wasser ziehen; erst muß etwas in demselben sein, ehe man etwas heraus bringen kann. Ich habe diese Holzpumpen gesehen, daß man erst Wasser hinein gießen mußte, ehe man welches heraus bekam, und so geht es mit vielen Leuten; man muß erst etwas in sie hinein bringen, ehe man etwas heraus bringen kann. Die Leute wundern sich, warum ihnen

geiſtliche Kraft fehlt. Sie ſtehen auf, um in den Verſamm=
lungen zu reden, aber ſie ſagen nichts, denn ſie haben nichts
zu ſagen, und das merkt man bald genug; ſie brauchen es
nicht erſt anzuführen; dennoch reden ſie, weil ſie meinen es
ſei ihre Pflicht, aber ſie ſagen nichts.

Aber ich ſage euch, wenn der Geiſt Gottes auf uns ruht
und uns zu ſeinem Dienſt bereitet, dann ſind wir geſalbt und
wir können Großes leiſten. „Ich will Waſſer gießen auf
die Durſtigen," ſpricht der Herr. O, herrlicher Gedanke —
„wer hungert und dürſtet nach der Gerechtigkeit, der ſoll ſatt
werden."

Ueberfließende Ströme.

Ich ſehe Jemand gern voll lebendigen Waſſers; ſo voll,
daß er's nicht halten kann, ſondern hinausgehen muß und
das Evangelium von der Gnade Gottes ausbreiten. Wenn
eine Perſon ſo voll iſt von der Gnade Gottes, daß ſie's nicht
mehr halten kann, dann iſt ſie gerade zum rechten Dienſte
Gottes zubereitet.

Als ich in Chicago predigte, da ſagte Dr. Gibſon in einer
Verſammlung für Heilſuchende: „Wie können wir jetzt aus=
finden, wer durſtig iſt?" Ich habe gerade darüber nachgedacht,
wie wir das ausfinden könnten. Wenn ein Knabe mit einem
Eimer voll Waſſer und einem Glaſe den Gang herab käme,
ſo würden wir bald ausfinden, welche durſtig wären. Dur=
ſtige Männer und Frauen würden ihre Hände nach Waſſer
ausſtrecken. Wenn aber Jemand mit einem leeren Eimer
hindurchginge, ſo fände man's nicht aus. Die Leute würden
hineinſchauen und wenn ſie ſähen, daß nichts im Eimer wäre,
würden ſie ſich ſchweigend abwenden. Darum wohl richten
wir in unſerer Amtsverwaltung nicht mehr aus; wir tragen
leere Gefäße umher und die Leute ſehen, daß nichts drin iſt,
daher kommen ſie auch nicht hervor." Ich glaube, daß in

diesem viel Wahrheit ist. Die Leute sehen, daß unsre
Gefäße leer sind, und sie bleiben zurück, bis die Gefäße voll
werden. Sie sehen, wir haben nichts mehr als sie haben.
Der Geist Gottes muß auf uns ruhen, dann haben wir etwas,
das uns Sieg gibt über die Welt, das Fleisch und den Teufel;
etwas, das uns Sieg gibt über unser Temperament, über
unsre Einbildung und jedes andre Uebel; und wenn wir diese
Sünden unter unsre Füße treten, kommen die Leute und
fragen: „Wie habt ihr die Kraft bekommen? Ich brauche
dieselbe ebenfalls; ihr habt etwas, das ich nicht besitze, ich
will es haben.“ O, möchte uns Gott diese Wahrheit offen=
baren! Haben wir die ganze Nacht gearbeitet? Laßt uns das
Netz zur Rechten auswerfen, lasset uns Gott bitten, uns unsere
Sünden zu vergeben und uns salben mit Kraft aus der Höhe.
Aber bedenkt: Gott gibt diese Kraft keinem ungeduldigen
Menschen; er gibt sie keinem selbstsüchtigen Menschen, dessen
Zwecke selbstsüchtig sind, bis derselbe von dieser Selbstsucht
befreit wird — frei von Hochmuth und Weltsinn. Lasset uns
die Ehre Gottes und nicht unsre eigene Ehre suchen, und wenn
wir einmal dahin kommen, wird uns der Herr mit seinem
Segen erfüllen. Dann wird das Maß unserer Segnungen
voll. Wißt ihr, wie das göttliche Maß ist? Gott gibt ein
volles, gedrücktes, gerütteltes und überflüssiges Maß. Wenn
unser Herz voll ist von Gottes Wort, wie will dann noch der
Satan hinein kommen? Wie wird die Welt noch hinein
können? denn das göttliche Maß ist voll, gedrückt und
überfließend. Habt ihr diese Fülle? Habt ihr sie nicht, dann
sucht dieselbe; sprechet: mit Gottes Hülfe will ich sie haben,
denn es ist des Vaters Wohlgefallen, uns diese Segnungen
mitzutheilen. Er will, daß wir leuchten sollen in der Welt;
er will uns erhöhen zu seinem Dienste; er will uns Kraft ver=
leihen, zu zeugen für Christum. Was hat er uns übertragen?
Nicht zu kaufen und verkaufen und zu gewinnen, sondern

Christum zu verherrlichen. Wie wollt ihr es aber thun ohne seinen Geist? Das ist die Frage. Wie wollt ihr es thun ohne die Kraft Gottes?

Warum es Manchen nicht gelingt.

Wir lesen in Joh. 20, 22: „Und als er dieses gesagt hatte, hauchte er sie an und sprach zu ihnen: Nehmet hin den heiligen Geist."

Dann betrachtet Lukas 24, 49: „Und siehe, ich will auf euch senden die Verheißung meines Vaters. Ihr aber sollt in der Stadt Jerusalem bleiben, bis daß ihr angethan werdet mit Kraft aus der Höhe."

Die erste Stelle sagt uns, daß Christus seine verwundeten, durchbohrten Hände über sie aufhob, sie anhauchte und sagte: „Nehmet hin den heiligen Geist." Und ich zweifle nicht, daß sie denselben damals empfingen; aber nicht in solchem Maße, als nachher, da sie für ihren Beruf ausgerüstet wurden. Es war nicht in Fülle, daß der Herr ihnen gab; aber wenn sie gesinnt gewesen wären, wie Viele heutzutage, so hätten sie gesagt: „Ich habe jetzt genug, ich warte nicht länger, ich gehe jetzt an die Arbeit."

Manche Leute scheinen der Ansicht zu sein, es sei Zeitverlust, wenn auf den Herrn und seine Kraft zu harren, und so gehen sie vorwärts an die Arbeit ohne die Salbung; sie arbeiten ohne göttliche Weihe und Kraft. Aber nachdem Jesus gesagt hatte: „Nehmet hin den heiligen Geist," und nachdem er sie angehaucht, sagte er zu ihnen: „Bleibet zu Jerusalem, bis ihr angethan werdet mit Kraft aus der Höhe." Leset den 8. Vers im 1. Kapitel der Apostelgeschichte: „Sondern ihr werdet die Kraft des heiligen Geistes empfangen, welcher auf euch kommen wird."

Gewiß hatten die Jünger den heiligen Geist empfangen, sonst hätten sie nicht so geglaubt und wären nicht so entschieden,

trotz aller Schmach und Verfolgung, auf der Seite des Herrn
gestanden, wenn sie nicht erneuert waren durch die Kraft des
heiligen Geistes. Aber nun sehet, was Jesus zu ihnen sagte:
„Ihr werdet die Kraft des heiligen Geistes empfangen,
welcher auf euch kommen wird, und werdet meine Zeugen sein
zu Jerusalem, und in ganz Judäa und Samaria, und bis an
das Ende der Erde."

Somit ist der heilige Geist i n u n s das Eine und der
heilige Geist a u f u n s ein anderes; und wenn jene Christen
gerade voran gegangen wären und hätten gepredigt ohne die
Kraft Gottes, glaubt ihr, jene Scene am Pfingstfeste würde
sich ereignet haben? Denkt ihr nicht, Petrus wäre dort
gestanden und hätte „in die Luft gestrichen," während die
Juden die Zähne über ihn zusammengebissen und ihn ver-
spottet hätten? Aber sie blieben zu Jerusalem, sie warteten
zehn Tage. Was! sagt ihr. Was, während Menschen
sterben und Seelen verloren gehen! Soll ich warten? Thue
was Gott dir sagt. Es nützt nichts, zu laufen, ehe du gesandt
wirst; es nützt nichts, Gottes Werke wirken zu wollen, ohne
die Kraft Gottes. Wenn Jemand ohne diese Salbung, ohne
diese Weihe arbeitet, so ist es doch nach Allem verlorene Zeit.
Somit verlieren wir nichts, wenn wir warten, bis wir
angethan werden mit Kraft aus der Höhe. Dies ist der
Mittelpunkt des wahren Gottesdienstes, auf Gott zu warten,
bis wir die Kraft empfangen, seine Zeugen zu sein. Demnach
finden wir, daß auf Pfingsten, zehn Tage nachdem Christus
gen Himmel gefahren, der heilige Geist in seiner Kraft
hernieder kam. Glaubt ihr wohl, daß Petrus und Jakobus
und Johannes es von jener Stunde ab bezweifelt hätten?
Sie zweifelten nie daran. Manche bezweifeln vielleicht die
Möglichkeit, die Kraft Gottes jetzt zu erlangen, und daß der
heilige Geist je wieder in solcher Fülle ausgegossen wurde
und je wieder werden würde.

Neuer Ausguß.

Wenn ihr Apg. 4, 31 leset, so findet ihr, daß der Herr zum zweitenmal kam, da sie versammelt waren, und die Erde sich bewegte, und sie erfüllt wurden mit göttlicher Kraft. Leider sind wir rinnende Gefäße und müssen daher stets bei der Quelle bleiben, um erfüllt zu sein mit der Kraft Christi; wir bedürfen stets eines neuen Ausgusses.

Ich glaube, das ist ein großer Irrthum, den Viele von uns begehen, daß wir Gottes Werke zu wirken versuchen mit der Gnade, die wir vor zehn Jahren empfingen. Wir sagen, wenn's noth thut, so gehen wir mit derselben Gnade voran. Was wir aber bedürfen, ist ein stets erneuerter Ausguß, neue Salbung, neue Kraft, und wenn wir sie suchen — suchen von ganzem Herzen, so wird sie uns zu Theil werden. Die ersten Christen wurden belehrt, auf diese Kraft zu harren. Philippus ging nach Samaria, und bald traf die Nachricht in Jerusalem ein, daß in Samaria eine große Erweckung begonnen und Viele sich bekehrt hätten. Dann gingen Petrus und Johannes hinab, legten die Hände auf die Neubekehrten und sie empfingen die Gabe des heiligen Geistes zum Dienste Gottes. Ich glaube, das ist's, worauf wir Christen warten sollten — die Kraft des Geistes zum Dienste Gottes, daß der Herr uns mächtig mache zum Aufbau seines Reiches und zur Ausbreitung seiner Herrlichkeit. In Apg. 6 lesen wir von zwölf Männern, welche, als sie gefragt wurden, ob sie den heiligen Geist empfangen, da sie gläubig wurden, antworteten: „Wir wissen nicht, daß es einen heiligen Geist gibt." Ich behaupte, es gibt nicht Wenige, die, wenn man sie fragte: „Habt ihr den heiligen Geist empfangen, da ihr gläubig wurdet?" antworten: „Wir wissen nicht, was ihr mit der Frage wollt." Es ginge ihnen wie den zwölf Männern zu Ephesus, welche nie das Verhältniß des heiligen Geistes zu den Kindern Gottes und seine Wirkung verstanden hatten. Ich glaube fest, die Kirche hat diese Erkenntniß auf die Seite gelegt, und daher sind die Christen ohne Kraft. Bisweilen kann man hundert Glieder in die Kirche aufnehmen, ohne daß die Kraft der Gemeinde dadurch vermehrt wird. Das ist aber verkehrt. Wenn Alle gesalbt wären mit dem heiligen Geiste, so müßte das eine wunderbare Kraft sein, wenn hundert Glieder in eine Gemeinde aufgenommen werden.

Grüne Auen.

Als ich zum ersten Mal in Californien war, ging ich von den Sierra Nevada Bergen hinab in das Thal des Sacra=mento und war nicht wenig überrascht, auf einer Farm alles im schönsten Grün zu finden — die Bäume, die Blumen — Alles blühte und prangte im schönsten Flor, und gerade nebenan über die Hecke hinüber war Alles trocken, und dürre und kein grünes Blatt wahrzunehmen. Ich konnte die Sache nicht verstehen, als ich aber nachfragte, erfuhr ich, daß der Mann, welchem die blühenden Felder gehörten, sein Land bewässerte; er führte das Wasser auf sein Land und erhielt Alles umher grün, während seines Nachbars Farm so trocken war, wie Gideons Fell ohne einen Tropfen Thau; und so geht es heutzutage mit vielen Kirchengliedern. Sie gleichen jenen Farmen in Californien, — dürre wie eine Wüste, alles ver=sengt und öde, und scheinbar kein Leben in ihnen. Sie können neben einem Manne sitzen, welcher erfüllt ist mit dem Geiste Gottes, welcher einem grünen, fruchtbaren Baume gleicht, der reiche Früchte trägt, und doch suchen sie nicht dieselbe Gnade. Warum dieser Unterschied? Weil Gott Wasser ge=gossen hat auf den Durstigen, das ist der Unterschied. Der Eine suchte diese Salbung und empfing sie! Und wenn wir dieselbe vor allem andern suchen, werden wir sie empfangen.

Die große Frage, welche vor uns liegt, ist: Wollen wie

dieselbe haben? Ich erinnere mich, als ich zum ersten Male nach England ging und Bibelleseübungen hielt, ich denke es war die erste in jenem Lande, da waren viele Prediger anwesend, und ich verstand nichts von der englischen Theo= logie und befürchtete daher, ich würde mit ihrem Glaubens= bekenntniß in Verstoß kommen, weßhalb ich etwas in Ver= legenheit kam, besonders mit dem Gegenstande über die Gabe des heiligen Geistes zum Dienste Gottes. Ich erinnere mich besonders an einen Prediger, welcher seinen Kopf auf die Hand stützte, und es kam mir vor, der gute Mann schäme sich jedes Wortes, welches ich sprach, und das hinderte mich aller= dings. Am Schlusse meines Vortrags nahm er seinen Hut, und fort war er. Ich dachte natürlich, den würde ich nie wieder sehen. In der nächsten Versammlung sah ich mich überall nach ihm um, aber er war nicht da; in der folgenden war er ebenfalls nicht zu sehen, und ich dachte, meine Lehren seien ihm anstößig gewesen. Jedoch nach einigen Tagen, in einer sehr zahlreich besuchten Mittagsbetstunde stand ein Mann auf, und sein Angesicht glänzte als ob er auf dem Berge der Verklärung gewesen sei; ich blickte ihn an und zu meiner großen Freude gewahrte ich in ihm jenen Bruder. Er sagte, er sei in jener Bibelleseversammlung gewesen und habe gehört, daß man einen neuen Ausguß des heiligen Geistes haben könne, um Gottes Wort zu predigen, daher habe er sich entschlossen, wenn das für ihn sei, so wolle er es haben, und sei heimgegangen und habe zum Herrn emporgeschaut, aber nie habe er einen solchen Kampf mit sich selbst gehabt. Er flehte den Herrn, ihm die verborgenen Sünden seines Herzens aufzudecken, und schrie mächtiglich zu Gott, ihn von sich selbst zu entleeren und mit dem heiligen Geiste zu erfüllen, und sagte schließlich: „Der Herr hat mein Gebet erhört." Ich traf ihn sechs Monate später in Edinburg, und er sagte mir, daß er seit jener Zeit jeden Abend das Evangelium

gepredigt habe, daß nach jeder Predigt Leute zurückgeblieben
seien, um mit ihm über ihr Seelenheil zu reden, und daß er
bereits für weitere vier Monate Bestellungen habe, das Wort
in verschiedenen Kirchen zu predigen. Ich denke, man hätte
mit einer Kanone durch jene Kirche schießen können, ohne
Jemand zu treffen, ehe er diese Salbung empfing, und ehe 30
Tage vergingen, war dieselbe mit Zuhörern überfüllt. Er hatte
sein Gefäß gefüllt mit frischem Wasser, und bald merkten dies
die Leute und kamen von allen Richtungen, um ihn zu hören.
Ich sage euch, der Strom steigt nicht höher, als seine Quelle.
Was wir besonders nöthig haben, ist diese Kraft. Da war
ein anderer Mann, an welchen ich gerade jetzt denke, welcher
sagte: „Ich habe Herzleiden, ich kann wöchentlich nur einmal
predigen," somit hielt er sich einen Collegen, welcher für ihn
predigte und die Leute besuchte. Er hatte aber gehört von
dieser Salbung und sagte: „Ich wünschte gesalbt zu werden
zu meinem Begräbniß. Ich wünschte nur, das Evangelium
noch einmal in Kraft verkündigen zu können, ehe ich sterbe."
Er betete somit, daß Gott ihn mit seinem Geiste erfüllen
möge, und als ich ihm bald darauf begegnete, sagte er: „Ich
habe in letzter Zeit durchschnittlich acht Mal die Woche gepredigt und fortwährend Bekehrungen gehabt." Der heilige
Geist wurde ihm mitgetheilt. Ich glaube, daß der Mann
zuerst weniger der harten Arbeit wegen zusammenbrach als
darum, daß seine Maschine nicht eingeölt war. Es ist nicht
die harte Arbeit, welche Prediger zusammenbricht, sondern
die Anstrengung bei derselben ohne die Kraft. O, daß Gott
sein Volk salben möchte! Nicht nur die Prediger, sondern
einen jeden Jünger. Denkt nicht, daß nur die Prediger es
nöthig haben. Es gibt keine Mutter, die es nicht bedürfte,
um ihre Familie zu leiten, gerade so viel als der Prediger auf
der Kanzel und der Schullehrer in der Schule. Wir haben es
alle nöthig, und laßt uns darum nicht ruhen noch rasten, bis

wir es erlangen; laßt das unsere vornehmste Sorge sein, der Herr wird uns diese Salbung mittheilen, wenn wir nur hungern und dürsten nach derselben. Gott helfe mir! Ich werde nicht rasten, bis ich angethan werde mit Kraft aus der Höhe.

Der Herr und sein Diener.

Es gibt eine sehr liebliche Geschichte von Elias und Elisa, und ich beschäftige mich gern mit derselben. Die Zeit war gekommen, daß Elias sollte hinweggenommen werden, und er sagte zu Elisa: „Lieber, bleibe hier zu Gilgal, ich will hinauf gen Bethel gehen." Es war dort ein theologisches Seminar und mehrere junge Studenten, und er wollte sehen, was diese machten; aber Elisa sagte: „So wahr der Herr lebet, und so wahr deine Seele lebet, ich verlasse dich nicht." Und so hielt sich Elisa nahe zu Elias. Als sie nach Bethel kamen, gingen ihnen die Prophetenkinder entgegen und sagten zu Elisa: „Weißt du auch, daß dein Herr weggenommen werden soll?" Und Elisa sagte: „Ich weiß es wohl, schweigt nur stille." Dann sagte Elias zu Elisa: „Bleibe du zu Bethel, ich will nach Jericho gehen." Aber Elisa sprach: „So wahr der Herr lebet, und so wahr meine Seele lebet, ich verlasse dich nicht." „Du sollst nicht ohne mich gehen," sagte Elias, und ich stelle mir vor, Elisa legte dann seinen Arm in den seines Meisters, und sie gingen mit einander. Ich sehe im Geiste diese beiden mächtigen Männer hinab nach Jericho gehen, und als sie dorthin kamen, begegneten ihnen die Kinder der Propheten und sprachen zu Elisa: „Weißt du auch, daß dein Herr von dir genommen wird?" „Stille, nur stille," sagt Elisa, „ich weiß es wohl." Und dann sprach Elias zu Elisa: „Bleibe hier, denn der Herr hat mich an den Jordan gerufen." Aber Elisa sprach: „So wahr der Herr lebet, und so wahr meine Seele lebet, ich verlasse dich nicht. Du sollst nicht ohne mich

4

gehen." Und dann kam Elias ganz nahe zu Elisa heran, und als sie mit einander hinabgingen, ahnte Elisa etwas; als sie an den Jordan kamen, nahm Elias seinen Mantel und schlug in das Wasser, und dasselbe theilte sich und die beiden schritten hindurch wie Helden, trockenen Fußes, und 50 Prophetenkinder kamen, um sie zu beobachten. Sie dachten, vielleicht würde Elias vor ihren Augen hinweg=genommen. Als die beiden Propheten über den Jordan kamen, sagte Elias zu Elisa: „Sage, was bittest du von mir?" Er wußte, daß er etwas begehrte. „Was kann ich für dich thun? Sage mir nur dein Begehren." Und er sprach: „Daß dein Geist auf mir ruhe zwiefältig." Ich stelle mir vor, daß er bei sich dachte, da mir Elias Gelegenheit gibt, zu bitten, so will ich genug bitten. Elias war reich gesalbt mit Gottes Geist, aber er sagt: „Ich möchte doppelt so viel haben." Und Elias spricht: „Wenn du mich siehst von hinnen fahren, soll es dir werden." Denkt ihr, man hätte in diesem Augenblick Elisa von Elias trennen können? Ich kann die beiden im Geiste Arm in Arm gehen sehen, und während sie dahinschreiten, kommt der feurige Wagen, und ehe Elisa es recht merkte, ward Elias emporgehoben, und als er sich empor zum Throne schwang, rief der Diener: „Mein Vater! mein Vater! Wagen Israels und seine Reiter!" Elisa sah ihn nicht mehr. Er nahm den Mantel, welcher Elias entfallen war, und mit dem alten Mantel seines Herrn kehrte er zum Jordan zurück und rief nach dem Gott Elias, und die Wasser theilten sich zu beiden Seiten, und Elisa ging trockenen Fußes hin=durch. Da hoben die ihn beobachtenden Propheten ihre Stimme auf und riefen: „Der Geist Elias ruhet auf Elisa!" und so war es — in zwiefachem Maße.

Möge der Geist Elias auf uns ruhen, lieber Leser! Wenn wir ihn suchen, werden wir ihn erhalten. O, möge der Gott Elias durch Feuer antworten und den Geist des Welt=

sinns in den Gemeinden verzehren, die Schlacken verbrennen und ganze Christen aus uns machen. Möge der Geist auf uns herabkommen; laßt das an unserem Familienaltar und im Kämmerlein unser Gebet und Flehen sein. Laßt uns mächtig schreien zu dem Herrn, daß er uns ein zwiefaches Maß seines Geistes mittheile, und daß wir uns mit diesem weltgesinnten Leben nicht zufrieden geben, sondern laßt uns uns aufraffen und aus der Welt heraustreten, damit wir angethan werden mit der Kraft Gottes.

Gib deinen Frieden uns, o Herr der Stärke!
  Im Frieden nur gedeihen deine Werke,
Daß wir im Kampf mit Sünde nicht ermüden,
  Stärk' uns dein Frieden!

Gib Frieden, daß die fromme, die getreue,
Oft schwer geprüfte Seele sich erneue;
Daß sie nicht muthlos hingerissen werde
  Vom Geist der Erde.

Gib, wie den Vätern, die dir wohlgefallen,
Auch uns den Frieden, die im Kampf noch wallen·
Gib Hoffnung, daß des Glaubens Ehrenkrone
  Dem Sieger lohne!

Und wenn zuletzt wir mit dem Tode ringen,
Deck' uns dein Engel, Herr, mit mächt'gen Schwingen,
Und trag' uns hin, von allem Kampf geschieden,
  Zum ew'gen Frieden!

Kapitel III.

Zeugen in der Kraft.

Es mag Jemand ebenso wohl versuchen, Marmor zu behauen ohne Werk=
zeug, zu malen ohne Farbe und Pinsel, zu bauen ohne Material, als irgend
einen gottwohlgefälligen Dienst ohne die Gaben des Geistes, welche beides
Material und Werkzeug sind, auszurichten.   Alleine.

Wenn wir den Geist Gottes nicht haben, wäre es besser, die Kirche zu
schließen, ihre Thüren zuzunageln, ein schwarzes Kreuz darauf zu setzen und
sprechen: „Gott, erbarme dich über uns!" Wenn ihr Prediger nicht den
Geist Gottes besitzt, so ist es besser, ihr unterlaßt das Predigen, und ihr Leute
bleibt besser daheim. Ich denke nicht, daß ich mich zu stark ausdrücke, wenn
ich sage, daß eine Kirche im Lande, ohne den Geist Gottes, eher ein Fluch
als ein Segen ist. Seid ihr nicht angethan mit dem heiligen Geiste, ihr
Arbeiter im Weinberge des Herrn, so bedenkt, daß ihr einem Andern im Wege
steht; ihr seid wie ein Baum, der keine Frucht trägt und da steht, wo ein
fruchtbarer Baum stehen könnte. Dies ist ernste Arbeit; der heilige Geist
oder nichts, ja schlimmer als nichts. Tod und Verdammniß einer Gemeinde,
welche sich nicht nach dem Geiste sehnt und schreit und seufzt, bis der Geist
Gottes mächtig einkehrt in ihrer Mitte. Er ist hier; er ist nie zurückgekehrt,
seitdem er an jenem Pfingstfeste herniederfuhr. Er wird oft betrübt und
gedämpft, denn er ist besonders emfindsam und sucht Gottes Ehre, und die
eine Sünde, welche nie vergeben wird, hat es mit der Person des heiligen
Geistes zu thun; darum lasset uns vorsichtig mit demselben umgehen,
demüthig vor ihm wandeln, ernstlich zu ihm flehen und uns entschließen, daß
wissentlich nichts an uns soll gefunden werden, welches ihn hindern könnte,
in uns zu wohnen nun und zu ewigen Zeiten. Brüder, Friede sei mit euch
und mit eurem Geiste.   Spurgeon.

Zeugen in der Kraft.

Der Gegenstand des Zeugens in der Kraft des heiligen Geistes wird nicht genügend verstanden in der christlichen Kirche. Ehe wir über diesen Punkt im Klaren sind, arbeiten wir unter großem Nachtheil. Wenn ihr nun eure Bibel nehmt und Johannes 15, 26 aufschlagt, so findet ihr die Worte: „Wenn aber der Tröster kommen wird, welchen ich euch senden werde vom Vater, der Geist der Wahrheit, der vom Vater ausgehet, der wird zeugen von mir. Und ihr werdet auch zeugen, denn ihr seid von Anfang bei mir gewesen." Hier lernen wir, was der Geist thun wird, oder was Jesus sagt, daß er thun werde, nemlich, daß er zeuget von ihm. Und wenn ihr dann das 2. Kapitel in der Apostelgeschichte aufschlagt, so findet ihr, daß als Petrus an jenem Pfingstfeste aufstand und zeugete von dem, was Jesus gethan hatte, der heilige Geist hernieder kam und das Wort bezeugte, und Hunderte und Tausende erweckt wurden. Somit kann kein Mensch erfolgreich predigen von sich selbst. Er muß den heiligen Geist von Gott haben, der ihm das Vermögen gibt, und muß im Worte forschen, damit er im Stande ist, zu zeugen nach dem Sinne dieses Geistes.

Was ist das Zeugniß?

Wenn wir das Evangelium von Christo zurückhalten und Christus nicht vor die Leute bringen, so hat der heilige Geist keine Gelegenheit zu wirken. Aber sobald Petrus am Pfingstfeste aufstand und die Thatsache bezeugte, daß Christus gestorben sei für die Sünde, und daß er wieder auferstanden und gen Himmel gefahren sei, kam der heilige Geist hernieder und zeugte von der Person und dem Werke Christi.

55

Er kam herab zu bezeugen, daß Christus im Himmel sei,
und wenn der heilige Geist die Predigt des Evangeliums
nicht bezeugte, glaubt ihr, die Kirche hätte während dieser
achtzehnhundert Jahre leben und bestehen können? Denkt
ihr nicht, der Tod, die Auferstehung und Himmelfahrt Christi
wären so schnell vergessen gewesen, wie seine Geburt, wenn
der heilige Geist nicht gekommen wäre? Denn es ist sehr
klar, daß das Volk die Geburt Christi ganz vergessen hatte,
als Johannes der Täufer seine Erscheinung machte in der
Wüste. Nur 30 kurze Jahre. Und Alles verschwunden.
Sie hatten die Geschichte der Hirten vergessen, sie hatten ver=
gessen, was sich im Tempel begab, als der Sohn Gottes hin=
ein gebracht wurde und die alten Propheten und Prophetin=
nen denselben begrüßten; sie hatten vergessen, wie die Weisen
aus dem Morgenlande gekommen und nach dem neugebornen
König der Juden gefragt hatten. Die Geschichte seiner
Geburt schien ganz verschwunden zu sein; sie hatten Alles
vergessen, was damit zusammenhing, und als Johannes
erschien, dämmerte es in ihrer Erinnerung wieder auf. Und
wenn der heilige Geist nicht gekommen wäre, zu zeugen von
Christo, um seinen Tod und seine Auferstehung zu bestätigen,
so wären diese Thatsachen vergessen worden, wie seine Geburt.

Vermehrte Wirksamkeit.

Das Zeugniß des Geistes ist ein Zeugniß der Kraft. Jesus
sagt: „Ihr werdet die Werke thun, die ich thue, und werdet
größere denn diese thun, denn ich gehe zum Vater." Ich
pflegte mich an diesem Ausdruck zu stoßen. Ich konnte den=
selben nicht verstehen und dachte: Wie kann ein Mensch
größere Werke thun als Christus? Wie könnte Jemand
einen Todten erwecken, der schon tagelang im Grabe gelegen
und bereits in Verwesung übergegangen war; wie könnte er
den durch ein Wort ins Leben rufen? Aber je länger ich

lebe, desto mehr werde ich überzeugt, daß es ein größeres
Werk ist, den Willen eines Menschen zu beeinflussen, den
Willen eines solchen Menschen, der sich gegen Gott setzt;
diesen Willen zu brechen und ihn dem Willen Gottes unter=
than zu machen — oder, in andern Worten, es ist ein größeres
Werk, Macht über einen lebendigen, sündhaften, Gott hassen=
den Menschen zu bekommen, als einen Todten zu erwecken.
Der, welcher eine Welt schaffen konnte, kann auch einem
Todten das Leben geben; aber ich glaube, das größte Wun=
der, welches je geschah, ereignete sich an jenem Pfingstfeste.
Hier waren die Apostel, umgeben von Menschen voll Vorur=
theil, voll Haß und Bitterkeit, deren Hände sozusagen vom
Blut des Sohnes troffen, und dennoch predigt ihnen ein
ungelehrter Mann, ein Mann den sie verachteten, ein Mann
den sie haßten, und alsbald werden drei tausend erweckt,
bekehrt und Jünger des Heilandes und willig, ihr Leben für
den Sohn Gottes niederzulegen. Vielleicht wurde Stephanus,
der erste Märtyrer, an diesem Tage bekehrt und andere der
der Zeugen, welche bald hernach ihr Leben für Christum hin=
gaben. Dieses scheint mir das größte Wunder, welches die
Welt jemals gesehen hat. Aber Petrus wirkte nicht allein,
der Geist Gottes war mit ihm, daher der wunderbare Erfolg.
   Das jüdische Gesetz forderte zwei Zeugen, und so finden
wir, daß bei der Predigt Petri ein zweiter Zeuge war.
Petrus zeugte von Christo, und Jesus sagt, wenn der heilige
Geist kommen wird, derselbe wird zeugen von mir. Und
diese beide zeugten von Christi Menschwerdung, seinem Beruf,
seinem Tod und von seiner Auferstehung, und der Erfolg
war, daß die Menge sich mit Einmüthigkeit zu dem Herrn
wandte. Der Fehler unserer Zeit besteht darin, daß Predi=
ger das Kreuz beiseite setzen und Christus unter saftlosen
Predigten und polirter Sprache verbergen. Sie stellen ihn
dem Volke nicht klar vor Augen, und ich glaube, das ist die

Urſache, daß der Geiſt Gottes nicht kräftig wirken kann in unſeren Gemeinden. Was uns noth thut iſt, daß Chriſtus gepredigt und der gefallenen Welt vorgeſtellt wird. Die Welt kann ganz gut ohne dich und mich beſtehen; aber ſie kann nicht beſtehen ohne Chriſtus, und daher müſſen wir zeugen von ihm, und ich glaube, daß die Welt heute hungert und dürſtet nach der ſättigenden Gabe. Tauſende und Tauſende ſitzen in Finſterniß und wiſſen nichts von dem großen Licht; wenn wir alſo anfangen, Chriſtum ehrlich, gläubig, ernſtlich und in der Wahrheit zu predigen, wenn wir Chriſtum vorſtellen und nicht uns ſelbſt, wenn wir ihn erhöhen und nicht unſre Theorien, Chriſtum und nicht unſre Anſichten, Chriſtum vertheidigen und nicht etwelche falſche Lehre, dann wird der heilige Geiſt kommen und Zeugniß ablegen. Er wird die Wahrheit deſſen, was wir predigen, bezeugen. Wenn er kommt, ſo wird er das Wort bekräftigen mit nachfolgenden Zeichen. Das iſt einer der ſtärkſten Beweiſe unſeres göttlichen Evangeliums; daß es göttlichen Urſprungs iſt, daß nicht nur Chriſtus dieſes gelehrt, ſondern daß er bei ſeinem Abſchied von der Welt geſagt hat: „Er wird mich verklären" und „Er wird zeugen von mir." Leſt nur einmal im zweiten Kapitel der Apoſtelgeſchichte die merkwürdige Predigt, welche Petrus hielt. Dort heißt es im 33. Vers: „So wiſſe nun das ganze Haus Iſrael gewiß, daß Gott dieſen Jeſum, den ihr gekreuzigt habt, zu einem Herrn und Chriſt gemacht hat." Und als Petrus dieſe Worte redete, fiel der heilige Geiſt auf die Menge und zeugte von Chriſtum — beſtätigte auf öffentliche Weiſe, daß alles dies Wahrheit ſei. Und wieder im 40. Vers: „Auch mit vielen andern Worten bezeugte er, und ermahnte und ſprach: Laßt euch helfen von dieſen unartigen Leuten." Mit vielen andern Worten bezeugte er, nicht nur mit denen, die geſchrieben ſind, ſondern noch mit vielen andern Worten.

Der sichere Führer.

Sucht einmal Johannes 16, 13 und leset: „Wenn aber jener, der Geist der Wahrheit, kommen wird, der wird euch in alle Wahrheit leiten. Denn er wird nicht von ihm selbst reden; sondern was er hören wird, das wird er reden, und was zukünftig ist, wird er euch verkündigen." Er wird euch in alle Wahrheit leiten. Es gibt keine Wahrheit, welche uns zu wissen nöthig ist, in welche uns der heilige Geist nicht leitet, wenn wir ihn wirken lassen; wenn wir uns seiner Leitung hingeben, so wird er uns in alle Wahrheit leiten. Es würde uns manche dunkle Stunde erspart haben, wären wir nur stets willig gewesen, den heiligen Geist unsern Rathgeber und Führer sein zu lassen.

Lot würde nie nach Sodom gegangen sein, hätte er sich vom Geiste Gottes leiten lassen. David wäre nie in so schwere Sünde gefallen und hätte nicht das große Familienkreuz gehabt, hätte er sich vom Geiste Gottes leiten lassen.

Es gibt heutzutage viele Davids und Lots. Die Kirchen sind voll derselben. Männer und Frauen sind in Finsterniß, weil sie sich nicht vom Geiste Gottes leiten lassen. „Er wird euch in alle Wahrheit leiten. Er wird nicht von sich selbst reden." Von dem auferstandenen und gen Himmel gefahrenen Christus wird er zeugen.

Was würde man von einem Boten halten, welchen ein vom Hause abwesender Gatte mit einer Botschaft an seine Gattin oder Mutter schickte, welcher bei seiner Ankunft nur von sich und seinen Plänen redete und beide, den Gatten und dessen Botschaft, nicht erwähnte? Ihr würdet das einfach als schändlich bezeichnen. Was muß aber dann die Sünde des vorgeblichen Lehrers sein, welcher von sich selbst predigt oder seinen Lieblingstheorien, und Christus und sein Evangelium auf die Seite setzt? Wenn wir nach dem Triebe des Geistes zeugen, so muß unser Zeugniß von Christo sein.

Der hl. Geist ist hier unten in dieser dunklen Welt, um von dem Abwesenden zu reden, und er nimmt die Dinge Christi und bringt sie uns zur Erinnerung. Er zeugt von Jesu; er leitet uns in alle Wahrheit über ihn.

Anklopfen im Dunkeln.

Ich möchte gerade hier sagen, daß ich denke, viele Kinder Gottes wenden sich heutzutage verkehrten Wegen zu und begehen eine große Sünde. Ich weiß nicht, ob sie es für eine Sünde halten; aber wenn wir es im Lichte der Schrift prüfen, so bin ich überzeugt, es ist eine große Sünde. Es wird uns gesagt, daß der Tröster in die Welt gesandt wurde, um „uns in alle Wahrheit zu leiten"; und wenn er zu diesem Zwecke uns gegeben ist, brauchen wir dann noch einen andern Führer? Brauchen wir uns im Dunkeln zu verstecken und „Mediums" zu befragen, welche vorgeben, mit den Geistern der Verstorbenen in Verbindung zu stehen? Wißt ihr, was Gottes Wort von dieser schrecklichen Sünde sagt? Ich glaube, es ist eine von den größten Sünden, welche heutigen Tages im Schwunge geht. Es ist für mich eine Entehrung des hl. Geistes, wenn ich hingehe, um mit den Geistern der Todten zu verkehren, selbst wenn dieses möglich wäre.

Ich möchte eure Aufmerksamkeit auf 1 Chron. 10, 13 lenken: „Also starb Saul in seiner Missethat, die er wider den Herrn gethan hatte, an dem Wort des Herrn, das er nicht hielt, auch daß er die Wahrsagerin fragte, und fragte den Herrn nicht; darum tödtete er ihn und wandte das Königreich zu David, dem Sohne Isai."

Gott tödtete Saul gerade dieser Sünde wegen. Von den zwei Sünden, welche hier gegen ihn aufgeführt werden, ist die eine, daß er nicht auf Gottes Wort hörete, und die andere, daß er die Wahrsagerin fragte. Er wurde von diesem Betrug gefangen und sündigte gegen den Herrn.

Gerade hier fiel Saul, und doch gibt es heute viele Chri=
stenbekenner, welche meinen, es sei keine Sünde, ein „Me=
dium" zu befragen, welches vorgibt, Jemand von den Abge=
schiedenen zu citiren und von ihm Dinge zu erfahren.

Aber wie entehrend ist es gegen Gott, der den hl. Geist
gesandt hat in die Welt, um uns „in alle Wahrheit zu leiten."
Es gibt nichts, das ich zu wissen brauche, es ist nichts, das für
mich zu wissen von Bedeutung ist — nichts, das ich wissen
muß, welches mir der Geist Gottes nicht durch sein Wort
offenbart, und wenn ich dem Geiste Gottes den Rücken kehre,
so entehre ich denselben und begehe eine große Sünde. Ihr
wißt, wir lesen in Lukas, wie jener reiche Mann verlangte,
daß Jemand von den Todten in seines Vaters Haus gesandt
werde, um seine fünf Brüder zu warnen. Aber Christus
sagt, sie haben Mosen und die Propheten; hören sie die
nicht, so werden sie auch nicht glauben, ob Jemand von den
Todten auferstände. Moses und die Propheten — derjenige
Theil der Schrift, welcher damals vorhanden war, das ist ge=
nug. Aber viele Menschen in unserer Zeit wollen noch etwas
neben dem Worte Gottes, und wenden sich daher ab zu diesen
Irrlichtern.

Geister, die schwatzen und disputiren.

Da ist ein anderer Spruch, welcher heißt: „Wenn sie aber
zu euch sagen, ihr müsset die Wahrsager und Zeichendeuter
fragen, die da schwatzen und disputiren, so sprechet: Soll
nicht ein Volk seinen Gott fragen? Oder soll man die Tod=
ten für die Lebendigen fragen?" Was ist das anders als
Tischklopfen und anderer Geisterspuk? Wenn es eine Bot=
schaft von Gott wäre, denkt ihr, daß man dann in ein dunkles
Zimmer gehen und die Lichter auslöschen müßte? Im Fin=
stern hat mein Heiland nichts geredet. Gott ist nicht in dieser
Bewegung, und Kinder Gottes sollten sich von diesem Uebel

fern halten. Und dann beobachtet den folgenden Vers, der
so oft aus dem Zusammenhang gerissen angeführt wird. „Ja,
nach dem Gesetz und Zeugniß. Werden sie das nicht sagen,
so werden sie das Licht (nach der engl. Uebers.) nicht haben.“
Irgend Jemand, der uns mit einer Lehre kommt, welche nicht
mit dem Gesetz und Zeugniß übereinstimmt, der ist vom Bösen
und ein Feind der Gerechtigkeit. Es ist kein Licht in ihnen.
Dazu hört man, daß diejenigen Leute, welche die Wahrsager fragen, beständig Gottes Wort bekämpfen. Sie glauben nicht an
dasselbe. Und doch sagen Viele, man müsse beide Seiten
hören. Wenn mir aber Jemand einen recht verleumderischen
Brief über meine Gattin schriebe, so würde ich denselben, anstatt zu lesen, zerreißen und in alle Winde streuen. Muß ich
alle die Schriften der Ungläubigen lesen, um beide Seiten
zu hören? Muß ich mich mit einem Buch befassen, welches
meinen Herrn und Heiland lästert, der mich mit seinem theuren Blut erkaufet hat? Zehntausendmal nein! Ich will es
nicht anrühren.

„Der Geist aber sagt deutlich, daß in den letzten Zeiten
werden etliche von dem Glauben abtreten, und anhangen den
verführerischen Geistern und Lehren der Teufel.“ 1 Tim.
4, 1. Das ist eine ziemlich deutliche Sprache, ist es nicht?
„Lehren der Teufel.“ Wieder: „Die so in Gleißnerei
Lügenredner sind, und Brandmal in ihrem Gewissen haben.“
So gibt es viele andre Schriftsteller, welche gegen den Betrug
des Teufels warnen. Laßt uns aber bedenken, daß der Geist
in die Welt gesandt ist, um uns in alle Wahrheit zu leiten.
Wir wollen keinen andern Führer, dieser ist hinreichend.
Manche Leute sagen: „Ist nicht das Gewissen ein sicherer
Führer, als das Wort Gottes?“ Nein, es ist nicht. Manche
Leute scheinen gar kein Gewissen zu haben und wissen kaum,
was das meint. Ihre Erziehung hat viel Einfluß auf ihr
Gewissen. Andere sagen, daß ihr Gewissen ihnen nicht gesagt

habe, daß etwas unrecht war, bis das Unrecht geschehen ist; was wir aber wollen, ist etwas, das uns auf das Unrecht aufmerksam macht, ehe es gethan wurde. Sehr häufig begeht ein Mensch eine große Sünde, und nach der That wacht sein Gewissen auf und verklagt ihn; aber dann ist es zu spät, die That ist geschehen.

Der untrügliche Führer.

Es haben mir Leute, welche über die Alpen reisten, gesagt, daß sie ihr Führer gerade an sich befestigt habe, wenn sie über gefährliche Stellen gingen, und er dann voraus schreitet; sie sind an ihren Führer gebunden.

Und so sollte der Christ mit seinem untrüglichen Führer in Verbindung stehen und von ihm aufrecht gehalten werden. Ei, wenn Jemand durch die Mammuth=Höhle ginge und verirrte sich von seinem Führer, es wäre sicherer Tod — er würde, getrennt von ihm, elend umkommen. Es gibt Ab= gründe und bodenlose Flüsse in jener Höhle, und ohne Führer und ohne Licht würde Niemand seinen Weg durchfinden kön= nen. So können wir ebenfalls nicht allein durch die dunkle Wüste dieser Welt gehen. Es ist Thorheit für Jemand, wenn er denkt, er könne ohne das Licht des Wortes Gottes und die Führung des hl. Geistes durch diese böse Welt wandern. Gott hat seinen Geist gesandt, uns auf dieser großen Reise zu lei= ten; und wenn wir ohne ihn wandeln und wirken wollen, so werden wir in den dunklen Abgrund der ewigen Nacht hinab fallen.

Aber vergeßt nicht die Worte des Geistes Gottes; wenn ihr wollt recht geleitet werden, so müßt ihr in Gottes Wort forschen, denn das Wort ist das Licht des Geistes. Wir lesen in Johannes 14, 26:

„Aber der Tröster, der heilige Geist, welchen mein Vater senden wird in meinem Namen, derselbe wird es euch alles

lehren und euch erinnern alles deß, das ich euch gesagt
habe."

Und wieder in Johannes 16, 13:

„Wenn aber jener, der Geist der Wahrheit, kommen wird,
der wird euch in alle Wahrheit leiten. Denn er wird nicht
von ihm selbst reden; sondern was er hören wird, das wird
er reden, und was zukünftig ist, wird er euch verkündigen."

„Was zukünftig ist, wird er euch verkündigen."—Viele Leute
scheinen zu glauben, die Bibel sei veraltet; es sei ein altes Buch
und habe sich überlebt. Sie sagen, sie war schon gut für das
dunkle Zeitalter und es findet sich viel gute Geschichte in derselben; aber sie war nicht für die gegenwärtige Zeit bestimmt;
wir leben in einer aufgeklärten Zeit, und es könne Jemand
ganz gut ohne das alte Buch fortkommen, indem wir demselben entwachsen seien. Sie meinen, wir hätten keinen Gebrauch mehr für die Bibel, weil sie ein altes Buch sei. Man
möchte aber ebenso wohl sagen, die Sonne, welche nun schon
so lange geschienen hat, sei veraltet, und wenn Jemand ein
Haus baut, brauche er keine Fenster hinein zu machen, weil
wir ein neueres und besseres Licht — Gas und das neue elek-
trische Licht haben. Dieses ist etwas neues, und ich würde
den Leuten rathen, welche meinen, die Bibel sei veraltet, keine
Fenster in die Häuser zu machen, welche sie bauen, sondern
dieselben mit dem neuen elektrischen Licht zu beleuchten; denn
das ist neu, und ist ja gerade, was sie wollen. Die Leute
reden von diesem Buche, als verständen sie es; aber wir wissen noch wenig von demselben. Die Presse bringt uns Nachricht über die Tagesneuigkeiten. Aber die Bibel sagt uns,
was sich begeben wird. Das ist etwas Neues; wir finden
Neuigkeiten in diesem Buche; es belehrt uns über die Dinge,
welche sich ganz gewiß ereignen werden, und das ist neuer als
irgend etwas in den Zeitungen. Die Bibel sagt uns, daß der
Geist uns Alles lehren wird; er soll uns nicht nur in alle

Wahrheit leiten, sondern soll es uns alles lehren; er lehrt uns, wie wir beten sollen, und ich denke, es gab nie ein Gebet auf dieser fluchbeladenen Erde, welches nicht erhört wurde, wenn es vom Geiste eingegeben war. Es wird viel gebetet, was nicht vom Geiste Gottes eingegeben wird. In früheren Jahren hatte ich ein großes Verlangen, reich zu werden, und pflegte daher um $100,000 zu beten. Das war mein Ziel; aber ich mußte klagen: „Gott erhört mein Gebet nicht, er macht mich nicht reich." Jedoch ich hatte gar keinen Grund für ein solches Gebet, und doch beten viele Leute auf solche Weise. Sie denken wenigstens, daß sie beten, aber sie beten nicht in Uebereinstimmung mit der Schrift. Der Geist Gottes hat nichts mit ihren Gebeten zu schaffen, und dieselben sind keine Frucht seiner Lehre.

Der Geist lehrt uns auch, wie wir unsern Feinden begegnen sollen. Wenn mich Jemand schlägt, so soll ich keinen Revolver ziehen und ihn schießen. Der Geist Gottes lehrt keine Rache, er sagt mir nicht, daß es erforderlich sei, das Schwert zu ziehen und einen Menschen niederzuschlagen, um meine Rechte zu vertheidigen. Manche Leute sagen, man sei ein Feigling, wenn man nicht wieder schlage. Christus sagt, man solle dem den linken Backen darreichen, der uns auf den rechten schlägt. Ich will lieber der Lehre Christi folgen, als irgend einer andern. Ich bezweifle, ob Jemand viel dabei gewinnt, wenn er sich mit Waffen behängt, um sich zu vertheidigen. Es sind in diesem Lande bereits Leben genug geopfert worden, um Jemand eine gute Lehre in diesem Punkte zu geben. Das Wort Gottes ist ein viel besseres Schutzmittel, als der Revolver. Und wir thun am besten, das Wort Gottes zu unserem Schutz zu wählen, indem wir seine Lehre annehmen und seine Anweisungen befolgen.

5

Unterſtützung des Gedächtniſſes.

Es iſt ein großer Troſt, zu wiſſen, daß es ein anderes Werk des hl. Geiſtes iſt, uns die Lehren Jeſu in Erinnerung zu bringen. Dies iſt die Verheißung des Herrn: „derſelbe wird es euch Alles lehren und euch erinnern alles deß, das ich euch geſagt habe." Joh. 14, 26.

Wie bezeichnend das iſt. Ich denke, es gibt viele Chriſten, welche dies aus Erfahrung wiſſen. Sie haben gezeugt für den Herrn, und während ſie redeten, brachte ihnen der Geiſt die Reden Jeſu in Erinnerung, und ihr Gemüth wurde mit Gottes Wort erfüllt. Wenn der Geiſt Gottes auf uns ruht, ſo können wir in der Beweiſung des Geiſtes und Kraft reden, und der Herr wird unſer Zeugniß und unſer Wirken ſegnen. Ich glaube, die Urſache, daß Gott ſo wenige in den verſchie= denen Gemeinden zu ſeinem Dienſt gebrauchen kann, iſt, weil ihnen die göttliche Kraft fehlt. Er will nicht unſere Ideen gebrauchen, ſondern wir müſſen das Wort Gottes im Herzen haben, und wenn uns dann der Geiſt anfeuert, ſo wird unſer Zeugniß kräftig und lieblich und friſch ſein, und das Wort Gottes wird ſich in ſeinen geſegneten Folgen frei machen. Gott will uns zu ſeinem Dienſte gebrauchen, wir ſollen Werk= zeuge ſeines Segens ſein; aber wir befinden uns in ſolchem Zuſtande, daß er nichts mit uns anfangen kann. Da liegt das Hinderniß. Es gibt ſo viele Männer, welche kein Zeug= niß für Chriſtum haben; wenn ſie reden, ſo ſagen ſie nichts, und wenn ſie beten, iſt ihr Gebet kraftlos; ſie f l e h e n nicht in ihrem Gebet, ſondern daſſelbe beſteht in einigen ſtereotypen Phraſen, welche man ſchon oft gehört hat. Was wir haben müſſen, iſt die Fülle des göttlichen Wortes, und wenn dann der Geiſt auf uns ruht, ſo wird er uns erinnern alles deſſen, was Jeſus geſagt hat.

In 1 Cor. 2, 9 heißt es: „Das kein Auge geſehen hat,

und kein Ohr gehöret hat, und in keines Menschen Herz ge=
kommen ist, das Gott bereitet hat denen, die ihn lieben."

Wir hören so oft, daß diese Worte im Gebet angeführt
werden; Mancher verwebt sie in sein Gebet und sagt dann
Amen. Und sobald man vom Himmel redet, heißt es: „O,
wir wissen nichts vom Himmel; es ist noch in keines Men=
schen Herz gekommen, kein Auge hat's gesehen, es ist alles
Spekulation, wir haben nichts damit zu thun, und sagen, sie
führen an, wie es geschrieben steht." Kein Auge hat's ge=
sehen, kein Ohr hat's gehört, und es ist in keines Menschen
Herz gekommen, das Gott bereitet hat denen, die ihn lieben.
Wie weiter? „Uns aber hat es Gott geoffenbaret durch sei=
nen Geist." Ihr seht, der Herr hat es uns geoffenbaret.
„Denn der Geist erforschet alle Dinge, auch die Tiefen der
Gottheit." Das ist's, was der Geist Gottes thut.

Kurzsichtig und weitsichtig.

Der Geist erinnert uns dessen, was Gott für uns bereitet
hat. Ich hörte unlängst Jemand von Abraham reden. Er
sagte, Abraham hätten die wasserreichen Ebenen von Sodom
nicht in Versuchung gebracht, weil er ein weitsichtiger Mann
war, der seinen Blick auf die Stadt gerichtet hatte, welche
einen Grund hat, deren Schöpfer und Baumeister Gott ist.
Aber Lot war ein kurzsichtiger Mann; und es gibt viele Leute
in der Kirche, welche sehr kurzsichtig sind; sie sehen nur die
Sachen um sich her, wie sie ihnen gut dünken. Abraham
war weitsichtig, er richtete seinen Blick auf die himmlische
Stadt. Moses war weitsichtig, er verließ die Paläste Egyp=
tens und vereinigte sich mit dem Volke Gottes — sie waren
arme Sklaven; aber er hatte seinen Blick weiter gerichtet;
er sahe etwas, das der Herr für ihn bereitet hatte. Es gibt
aber auch Leute, die sind einigermaßen weitsichtig und kurz=
sichtig zugleich. Ich habe einen Freund, der ist auf einem

Auge weitsichtig und auf dem andern kurzsichtig, und ich
glaube, die Kirche ist voll solcher Leute. Sie richten ein Auge
auf die Welt und das andere auf das Reich Gottes. Daher
ist für sie alles verwirrt, durcheinander, und sie sehen „Men=
schen als sähen sie Bäume." Die Kirche ist mit solchen Leuten
angefüllt. Aber Stephanus war weitsichtig, er sah stracks in
den Himmel, und sie konnten ihn selbst im Tode nicht davon
überzeugen, daß Christus nicht gen Himmel gefahren sei.
„Seht, seht dort drüben," sprach er, „ich sehe ihn auf dem
Thron zur rechten Hand des Vaters." Und er blickte in den
Himmel hinein, die Welt hatte keine Versuchungen mehr für
ihn, er hatte dieselbe unter seinen Füßen. Paulus war ein
anderer von diesen weitsichtigen Männern; er war entrückt
worden und hatte unaussprechliche Worte gehört — Worte,
die Menschen nicht auszusprechen vermögen. Ich sage euch,
wenn der Geist Gottes auf uns ruht, dann sieht die Welt
ziemlich kahl aus; die Welt kann uns dann nicht mehr fesseln,
und wir lassen unsern Halt an der Welt fahren. Wenn der
Geist Gottes auf uns ruht, so lassen wir die Dinge der Zeit
gehen und ergreifen die Dinge der Ewigkeit. Das ist das
Bedürfniß der Kirche in unserer Zeit, wir bedürfen die Aus=
gießung des hl. Geistes in gewaltiger Kraft, um allen Sinn
der Welt, der noch in uns ist, zu verzehren. O, daß das
Feuer des Geistes herabkommen und Alles in uns verzehren
möchte, was dem Willen und Worte Gottes zuwider ist.

In Joh. 14, 16 lesen wir vom Tröster. Dies ist das erste
Mal, daß der Geist als Tröster genannt wird. Jesus war
ihr Tröster gewesen. Gott hatte ihn gesandt, die Traurigen
zu trösten. Es war von ihm geweissagt: Der Geist des
Herrn ist über mir, der mich gesalbt hat, den Armen das
Evangelium zu predigen und die zerbrochenen Herzen zu hei=
len. Man kann ohne Tröster keine zerbrochenen Herzen hei=
len; aber die Welt wollte von dem ersten Tröster nichts

wissen, und darum ergriffen und tödteten sie ihn am Kreuz.
Aber bei seinem Hingang sagte er: Ich will euch einen an=
dern Tröster senden, ihr sollt nicht verlassen sein; fürchte dich
nicht, du kleine Heerde, es ist eures Vaters Wohlgefallen, euch
das Reich zu geben. An alle diese schönen Schriftstellen er=
innert der Geist die Kinder Gottes, und sie helfen uns, aus
dem Dunst und Nebel der Welt uns zu erheben. O, welch ein
herrlicher Tröster ist doch der heilige Geist Gottes!

Ein treuer Freund.

Die hl. Schrift zeigt einem Menschen seine Fehler, um ihn
zu bessern. In Joh. 16, 8 lesen wir: „Er wird die Welt
strafen um die Sünde." Aber es gibt eine Classe Menschen,
welche dieses Werk des Geistes nicht gerne haben. Wißt ihr
warum? Weil er sie von ihrer Sünde überzeugt; das ge=
fällt ihnen nicht. Was sie gerne hätten, wäre, daß sie Jemand
trösten und ihnen Alles angenehm machen solle; man soll ja
sein stille sein und ihnen sagen, es sei Friede, wo doch Krieg
ist, es sei Licht, wo doch Finsterniß ist, ihnen sagen, daß Alles
immer besser werde und die Welt sich bedeutend entwickle im
Guten, das ist die Predigtweise, welche sie suchen. Die Men=
schen denken, sie seien bedeutend besser als ihre Väter. Das
gefällt der menschlichen Natur, denn sie ist voll Eitelkeit. Sie
stolziren einher und sagen: „Ja, das glaube ich, die Welt
wird besser; ich bin bedeutend besser als mein Vater war,
mein Vater war zu strenge, er war einer der alten Puritaner
und daher zu einseitig. Wir machen uns aber, wir sind libe=
raler; meinem Vater wäre es nicht eingefallen, am Sonntag
spazieren zu fahren, aber wir thun das; wir treten die Gesetze
Gottes unter unsere Füße, wir sind besser als unsere Väter."

Das ist die Predigtweise, welche Vielen so sehr gefällt, und
es gibt Prediger, welche damit ihre Ohren kitzeln. Wenn
man aber den Leuten Gottes Wort predigt, und der Geist wen=

det es an den Herzen an, dann sagen sie: „Mir gefällt die Art
Predigten nicht, und ich werde nie wieder gehen, um den
Mann zu hören,“ und bisweilen stehen sie auf und stolpern
zur Kirche hinaus, ehe noch der Prediger fertig ist mit seinem
Vortrage. Es gefällt ihnen nicht. Wenn aber der Geist
Gottes wirkt, dann straft er die Welt um die Sünde. Wenn
derselbe kommt, der wird die Welt strafen um die Sünde, um
die Gerechtigkeit, und um das Gericht; um die Sünde, nicht
weil die Menschen fluchen und lügen und stehlen und saufen
und morden — „um die Sünde, daß sie nicht glauben an
mich.“

Die Hauptsünde.

Das ist die Sünde der Welt. Ei, viele Leute denken, der
Unglaube sei so eine Art Mißgeschick, wissen aber nicht, daß
er die verdammende Sünde der Welt in unserer Zeit ist —
das ist der Unglaube, die Mutter aller Sünden. Es würde
kein Trunkenbold über die Straße taumeln, wenn es keinen
Unglauben gäbe; keine Hurer würden Menschen verführen,
wenn es keinen Unglauben gäbe; ohne Unglauben gäbe es
keine Mörder; er ist der Keim aller Sünden. Denkt nur
keinen Augenblick, daß derselbe ein Mißgeschick sei, sondern er
ist eine schreckliche Sünde, und möchte der heilige Geist meine
Leser überzeugen, daß der Unglaube Gott zum Lügner macht.
Mancher Mann ist schon auf der Straße niedergeschlagen
worden, weil er einen andern einen Lügner nannte. Der
Unglaube macht Gott zum Lügner. Manche Leute prahlen
noch mit ihrem Unglauben; sie scheinen zu denken, es sei sehr
vornehm, ein Ungläubiger zu sein und Gottes Wort zu bezweifeln, und sie sprechen hochtrabend: „Ich habe wissen-
schaftliche Bedenken, ich kann nicht glauben.“ O, daß der
Geist Gottes die Menschen strafen möchte um die Sünde!
Das ist, was wir brauchen, seine überzeugende Kraft, und ich

freue mich), daß Gott dies nicht in unsere Hände gelegt hat.
Wir brauchen die Leute nicht zu überzeugen; wäre dies der
Fall, so würde ich muthlos werden, das Predigen aufgeben
und schon in den nächsten 48 Stunden wieder in einem an=
dern Geschäft begriffen sein. Meine Arbeit ist zu predigen
und das Kreuz Christi emporzuheben und für Jesum zu zeu=
gen; aber es ist sein Werk, die Menschen zu überzeugen und
zu Christo zu führen. Ich habe beobachtet, daß manche Be=
kehrungen von keiner Bedeutung sind; wenn Jemand be=
kennt, sich bekehrt zu haben, ohne rechtschaffene Früchte der
Buße, so gehört er zu denen, die auf das Steinigte gesäet
sind und bringen keine Frucht. Der erste kleine Sturm der
Verfolgung, der erste Hauch des Widerstandes treibt solchen
Bekenner in die Welt zurück. Laß uns beten, lieber christlicher
Leser, daß Gott ein tiefes und gründliches Werk wirken möchte,
daß die Menschen gestraft werden um die Sünde und keine
Ruhe haben in ihrem Unglauben. Lasset uns beten, daß
Gott „rechtschaffene Früchte der Buße" wirke. Ich würde
lieber sehen, daß sich hundert Personen g r ü n d l i c h zu
Gott bekehren, wahrhaft wiedergeboren werden, als tausend
vorgebliche Bekehrungen, wobei aber der heilige Geist keine
wahre Buße gewirkt hat. Lasset uns nicht predigen „Friede!
Friede!" wo doch kein Frieden ist. Geht nicht zu dem
Menschen, welcher in Sünden lebt, und sagt ihm, daß er
nichts weiter zu thun habe, als Christum zu bekennen, ohne
einen Abscheu gegen die Sünde zu haben. Lasset uns zu
allererst Gott bitten, den Menschen den Greuel ihres sündli=
chen Herzens zu offenbaren, und daß sie der hl. Geist strafen
mag um die Sünde. Dann wird das Werk, welches uns
anvertraut ist, tief und gründlich werden und alle feurigen
Prüfungen bestehen können.

Soweit haben wir nun gesehen, daß das Werk des Geistes
ist, Leben mitzutheilen, Hoffnung zu wecken, Freiheit zu ge=

ben, von Christo zu zeugen, uns in alle Wahrheit zu leiten,
und Alles zu lehren, die Gläubigen zu trösten und die Welt zu
strafen um die Sünde.

Geist Gottes, aus der ew'gen Fülle
In unsern Geist herabgesenkt,
Der auch in unbemerkter Stille
Des Herzens Trieb zum Himmel lenkt,
Du, der einst Davids Psalm beflügelt,
Den Sehern Aug' und Mund entsiegelt
Und auch noch jetzt mit Gluth durchdringt,
Auch jetzt uns Gottes Weisheit lehret,
Und Christi Wahrheit uns verkläret,
O höre den, der dir lobsingt.

Wer kann, wie du, mit Donnern reden,
Wenn du im Schlaf die Sünder schreckst?
Wer tröstet so, wie du, die Blöden,
Wenn du die neue Sehnsucht weckst?
Wenn sie in ihr Verderben schauen,
So lehrst du sie dem Ruf vertrauen,
Der sie mit Gottes Frieden grüßt;
Wenn sich der Geist zwar willig zeiget,
Doch ihn des Lebens Schwachheit beuget,
Bist du es, der das Leid versüßt.

Geist der Weisheit, gib uns Allen
   Durch dein Licht
   Unterricht,
Wie wir Gott gefallen.
Lehr uns freudig vor ihn treten,
   Sei uns nah,
   Sprich dein Ja,
Wenn wir gläubig beten.

Hilf nach Gottes Reich uns streben
   Und verleih,
   Daß wir treu
Unserm Heiland leben.
Nimmer laß uns stille stehen,
   Treib uns an,
   Seine Bahn
Festen Muths zu gehen.

Was fordert Gott der Herr von dir?
  Der Liebe Kraft, der Liebe Zier!
Daß du mit ganzem Muth und Sinn,
Aus vollem Herzen liebest ihn —
  Vernimm es, Herz!

Daß du von dir mit heil'gem Ernst,
Was ihm mißfällig ist, entfernst,
Und frei und froh, bis in den Tod
Aus Liebe haltest sein Gebot —
  Empfind' es, Herz!

Denn Lieb' ist aller Tugend Quell,
Draus ihre Bäche sonnenhell
Entspringend wässern weit und breit
Die todte Flur zur Fruchtbarkeit —
  Erfahr' es, Herz!

Wer liebend heil'ge Hände hebt,
Von Zorn und Zweifel frei, der lebt!
Im Frieden lebt er, wahr und klar,
Gerecht und selig immerdar —
  Genieß es, Herz!

Kapitel IV.

Kraft in Thätigkeit.

„Ihr seid theuer erkauft," „Eure Leiber sind Tempel des heiligen Geistes."
Ist dies eine meinungslose Metapher oder ein schwulstiger Ausdruck?
Wenn der heilige Geist in die Seele einkehrt, dann kehrt der Himmel mit
ihm ein. Das Herz wird mit einem Tempel verglichen. Gott kehrt nie
ein ohne seine Begleitung; die B u ß e reinigt das Haus; der G l a u b e
versorgt das Haus; W a c h s a m k e i t, wie ein Wächter, bewacht dasselbe;
das G e b e t ist ein lebensvoller Bote, es fragt, was man bedarf und holt
dasselbe; der G l a u b e sagt ihm, wohin es gehen soll und es geht nie
umsonst; die Freude ist der Sänger im Tempel, welcher die Loblieder
Gottes und des Lammes anstimmt, und dieser himmlische Tempel soll in
die himmlische Welt versetzt werden, denn es wird die Posaune erschallen
und die Todten werden auferstehen."   R o w l a n d H i l l.

Kraft in Thätigkeit.

Die Kraft, welche wir bisher betrachtet haben, ist die Gegenwart des heiligen Geistes. Er ist allgegenwärtig. Kraft in Thätigkeit ist die Wirkung des Geistes, oder die Frucht des Geistes. Dies wollen wir nun betrachten. Paulus schreibt an die Galater, Cap. 5, 16 ff. :

„Ich sage aber: Wandelt im Geist, so werdet ihr die Lüste des Fleisches nicht vollbringen. Denn das Fleisch gelüstet wider den Geist und den Geist wider das Fleisch. Dieselben sind wider einander, daß ihr nicht thut, was ihr wollt. Regieret euch aber der Geist, so seid ihr nicht unter dem Gesetz. - - - Die Frucht aber des Geistes ist Liebe, Freude, Friede, Geduld, Freundlichkeit, Gütigkeit, Glaube, Sanftmuth, Keuschheit. Wider solche ist das Gesetz nicht. Welche aber Christo angehören, die kreuzigen ihr Fleisch sammt den Lüsten und Begierden. So wir aber im Geist leben, so lasset uns auch im Geist wandeln. Lasset uns nicht eitler Ehre geizig sein, unter einander zu entrüsten und zu hassen."

Das ist also ein Leben vollkommenen Friedens, vollkommener Freude und Liebe, und darnach sollte das Streben jedes Kindes Gottes sein ; dies sollte ihr Ziel sein, und sie sollten nicht ruhen, bis sie dies Ziel erreicht haben. Das ist das Ziel, welchem Gott alle seine Kinder entgegen führen möchte. Die neun Eigenschaften, welche der Apostel den Galatern in diesem Capitel anführt, können folgendermaßen eingetheilt werden : Liebe, Friede und Freude gehen alle Gott entgegen. Gott sucht diese Frucht an jedem seiner Kinder, und dieselbe gefällt ihm wohl. Ohne dieselbe können wir Gott nicht gefallen. Er verlangt über alles andere, daß wir Liebe, Friede

77

und Freude beweisen sollen. Die nächsten drei — Geduld, Freundlichkeit und Gütigkeit beziehen sich auf die Menschen. Das ist unser äußeres Leben, womit wir stets, täglich, stündlich in Berührung kommen. Die letzten drei — Glaube, Sanftmuth, Keuschheit, sind in Verbindung mit uns selbst; und in dieser Weise können wir die drei Abtheilungen nehmen, und sie werden uns von Nutzen sein. Das erste, was uns beim Eintritt in das Reich der Gnade begegnet, sind sozusagen diese drei Eigenschaften —

Liebe, Friede und Freude.

Wenn sich ein Mensch, welcher in der Sünde lebt, von seinem bösen Wege kehrt und sich zu Gott wendet, so wird er auf der Schwelle des göttlichen Lebens von diesen Schwestereigenschaften empfangen. Die Liebe Gottes ist ausgegossen in sein Herz durch den hl. Geist. Der Friede Gottes und die Freude im hl. Geist kommen zur selben Zeit. Wir können uns alle prüfen, ob wir dieselben besitzen. Wir können sie selbst nicht erzeugen. Der Irrthum mancher Leute ist, daß sie diese Christentugenden aus sich hervorbringen wollen. Sie möchten Liebe erzeugen und Friede erzeugen und Freude erzeugen. Aber dieselben sind keine Früchte menschlicher Pflanzung. Dieselben aus uns erzeugen zu wollen, ist unmöglich. Das ist das Wirken Gottes. Sie kommen von Oben. Es ist Gott, welcher das Wort spricht und Liebe wirkt; es ist Gott, welcher Frieden gibt, und so wirkt Gott auch die Freude, und wenn wir Christum in unserm Herzen aufnehmen, so haben wir alle diese Eigenschaften, denn wenn Christus durch den Glauben im Herzen aufgenommen wird, dann besitzen wir den Geist Gottes, und wenn wir den Geist Gottes haben, dann haben wir seine Frucht.

Wenn die ganze Kirche so lebte und wandelte, wie es der Wille Gottes ist, so erwiese sich das Christenthum als die größte Kraft, welche die Welt jemals gesehen hat. Es ist der niedere Standpunkt des Christenlebens, der so viel Verwirrung anrichtet. Es gibt viele verkrüppelte Christen in der Kirche; ihr Leben ist verkrüppelt; sie gleichen einem Baum, welcher in schlechten Boden gepflanzt ist; derselbe ist hart und steinigt, und die Wurzeln können die erforderliche Nahrung nicht finden. Solche Gläubige haben in den genannten schönen Christeneigenschaften keine Fortschritte gemacht. Petrus schreibt in seiner zweiten Epistel, Cap. 1, 5–8:

„So wendet allen euren Fleiß daran und reichet dar in eurem Glauben Tugend, und in der Tugend Bescheidenheit, und in der Bescheidenheit Mäßigkeit, und in der Mäßigkeit Geduld, und in der Geduld Gottseligkeit, und in der Gottseligkeit brüderliche Liebe, und in der brüderlichen Liebe gemeine Liebe. Denn wo solches reichlich bei euch ist, wird es euch nicht faul noch unfruchtbar sein lassen, in der Erkenntniß unseres Herrn Jesu Christi."

Wenn nun solches bei uns ist, so tragen wir beständig solche Früchte, welche vor Gott angenehm sind. Es ist dann nicht ein wenig je und dann, daß wenn wir gerade angespornt werden, und wir uns in einem aufgeregten Zustande befinden, ein wenig wirken und bald die Hände wieder sinken lassen und entmuthigt und niedergeschlagen hinsitzen, sondern wir werden nicht faul noch unfruchtbar erfunden, sondern beständig Früchte tragen, in der Gnade wachsen und mit dem heiligen Geiste erfüllt werden.

Was zieht.

Es haben mich schon viele Eltern gefragt, auf welche Weise sie ihre Kinder gewinnen könnten für das Reich Gottes. Sie sagen, sie hätten mit denselben gesprochen, manchmal auch hätten sie sie gescholten und scharf zur Rede gestellt, aber alles scheine fehlzuschlagen. Ich denke, die sicherste Weise, unsere

Familien, Nachbarn und Andere, welche wir gerne bekehrt
sähen, für Jesum zu gewinnen, ist, daß wir die Lehre Christi mit
unserm Wandel zieren und allseitig in der Gnade wachsen.
Besitzen wir Frieden, Freude und Liebe, sowie Gütigkeit,
Mäßigkeit und Sanftmuth, daß wir mäßig sind nicht nur im
Trinken, sondern auch im Essen, in der Sprache, behutsam in
unseren Ausdrücken; wenn wir uns in unserer Heimath nach
Gottes Willen bewegen und Tag für Tag ein christliches Leben
führen, so geht eine geheime Kraft von uns aus, und wir
werden diejenigen, welche um uns her sind, veranlassen, an
den Herrn Jesum Christum zu glauben. Aber ein unbestän-
diges Leben, heute warm und morgen kalt, wird nur absto-
ßen. Es ist das Allerschlimmste für diejenigen, welche wir
gerne zum Heiland leiten möchten, daß sie uns bisweilen in
einem kalten, abgefallenen Zustande sehen. Das ist nicht der
normale Zustand der Kirche; es ist nicht Gottes Wille; er
will, daß wir wachsen in allen Tugenden, und das einzige
wahre, glückliche Christenleben ist, zu wachsen, beständig zu
wachsen in der Liebe und Gnade Gottes, wachsen in allen diesen herrlichen Früchten des Geistes.

Selbst die Gottlosesten, die Unreinsten erkennen die Kraft
der Tugend an; sie respektiren die Früchte des Geistes. Es
mag ihr Leben verdammen und sie veranlassen, bisweilen
aufgeregt zu werden; aber in der Tiefe ihres Herzens sind sie
überzeugt, daß Jemand, welcher ein solches Leben führt, über
ihnen steht. Die Welt befriedigt sie nicht, und wenn wir der
Welt zeigen können, daß Jesus unser gegenwärtiges Leben
mit Frieden erfüllt, so hat das mehr Kraft, als alle schönen
Worte und Bekenntnisse von sogenannten Reformatoren. Es
mag Jemand mit Engelzungen reden, wenn er aber nicht lebt,
wie er predigt, und daheim und in seinem Beruf dem selbst
nachkommt, was er Andern lehrt, so ist sein Bekenntniß nichts
werth, und die Leute werden sagen, die ganze Sache sei Heu-

chelei. Bloße Worte sind sehr hohl, wenn nichts dahinter ist. Euer Bekenntniß ist leer und werthlos, wenn kein damit über= einstimmender Wandel das Bekenntniß bekräftigt. Es thut uns noth, zu dem Herrn zu rufen, uns aus diesem niederen, kalten, formellen Zustand zu erlösen, daß wir beständig in der Gegenwart Gottes wandeln, daß er uns empor hebe in in das Licht vor seinem Angesicht, und daß seine Gnade und Herrlichkeit aus uns hervorleuchten möge.

Die erste Christentugend, welche Paulus an die Galater, und die letzte, welche Petrus anführt, ist Liebe. Wir können Gott nicht dienen, wir können nichts leisten im Dienste Got= tes, ohne Liebe. Das ist der Schlüssel, mit welchem man das menschliche Herz aufschließt. Wenn ich Jemand davon über= zeugen kann, daß ich aus reiner Liebe zu ihm komme; wenn eine Mutter den Eindruck macht, daß die Mahnungen an ihren Sohn zur Führung eines besseren Lebens, nicht aus Selbst= liebe, sondern aus dem Wunsche, Gott zu verherrlichen, her= vorgehen, so wird es nicht lange dauern, bis der Einfluß die= ser Mutter an dem Kinde sich geltend macht, es denkt über die Sache nach, denn die wahre Liebe ergreift das Herz schneller, als sonst irgend etwas.

Die Kraft der Liebe.

Liebe ist das Abzeichen, welches Christus seinen Jüngern gegeben hat. Manche haben dieses, Andere wieder ein an= deres Abzeichen. Manche kleiden sich auffallend, um sich als Christen zu erkennen zu geben, Andere bezeichnen sich mit ei= nem Crucifix oder sonst etwas, damit man sie als Christen kennen soll. Aber das einzig wahre Abzeichen, woran man die Jünger Jesu kennt, ist Liebe. „Daran wird Jedermann erkennen, daß ihr meine Jünger seid, so ihr Liebe unter ein= ander habt."

Wenn daher Jemand vor einer Versammlung steht und

6

mit der Beredsamkeit eines Demosthenes schöne Worte vor-
trägt, und dieselben werden nicht von der Liebe getrieben, so
sind sie ein tönend Erz und eine klingende Schelle. Ich möchte
allen Christen anrathen, das 13. Capitel des ersten Corinther-
briefes fleißig zu lesen und darin Tag und Nacht zu wandeln,
beständig diesen Spiegel vor Augen und im Herzen zu haben,
nicht nur zeitweise, sondern zwölf Monate im Jahr, so würde
sich die Kraft Christi und das Christenthum fühlbar machen,
wie nie vorher in der Geschichte der Welt. Hört, was in jenem
Capitel steht:

„Wenn ich mit Menschen- und mit Engelzungen redete, und
hätte der Liebe nicht, so wäre ich ein tönendes Erz, oder eine
klingende Schelle. Und wenn ich weissagen könnte, und wüßte
alle Geheimnisse, und alle Erkenntniß, und hätte allen Glauben, also, daß ich Berge versetzte, und hätte der Liebe nicht,
so wäre ich nichts."

Viele Leute beten um Glauben, sie hätten gern einen außer-
ordentlichen Glauben. Diese vergessen, daß die Liebe größer
ist, als der Glaube. Dieselbe ist die Frucht des Geistes, von
welcher jenes Capitel redet, die Triebkraft des Lebens. Was
die Kirche Christi zu unserer Zeit gebraucht, ist Liebe — mehr
Liebe zu Gott und zu unsern Mitmenschen. Wenn wir Gott
mehr lieben, dann haben wir auch größere Liebe zu unserm
Nächsten. Daran ist kein Zweifel. Ich habe oft gedacht, ich
hätte zu den Zeiten der Propheten leben mögen; ja ich hätte
mögen ein Prophet sein und weissagen; ich hätte mögen die
Herrlichkeit des Herrn sehen und sie den Leuten schildern;
aber wie ich die Schrift jetzt verstehe, möchte ich doch viel lieber in 1. Corinther 13 leben, und diese Liebe, von welcher
Paulus redet, die Liebe Gottes in meinem Herzen brennend
mit heiliger Flamme, so daß ich meine Mitmenschen für Jesum
und den Himmel gewinnen könnte.

Es mag Jemand merkwürdige Erkenntniß besitzen, womit

er die Geheimnisse der Schrift ergründet, und trotzdem kalt
sein wie ein Eiszapfen, obschon er glitzert wie Schnee
in der Sonne. Ihr habt euch wohl schon verwundert,
warum bei manchen Predigern, welche eine merkwür=
dige Anziehungskraft haben, seltene Rednergabe besitzen und
mit geistiger Schärfe predigen, so wenig Bekehrungen vor=
kommen. Ich glaube, wenn ihr wahrer Zustand offenbar
würde, so zeigte es sich, daß ihren schönen Worten die Liebe
Gottes fehlt — es ist keine wahre Liebe in ihren Predigten.
Man mag wie ein Engel predigen — Paulus sagt: mit Men=
schen= und Engelzungen reden, wenn aber die Liebe fehlt, so ist
.ist es nichts. „Und wenn ich alle meine Habe den Armen
gäbe";— es mag Jemand sehr wohlthätig sein und alle seine
Güter verschenken; wenn ihn dazu aber nicht die Liebe Got=
tes treibt, so ist es nicht angenehm vor dem Herrn. „Und
wenn ich meinen Leib brennen ließe und hätte der Liebe nicht,
so wäre mir es nichts nütze." Es mag Jemand um seiner
Grundsätze willen sterben, er mag um seines Glaubens willen
sein Leben opfern, wenn ihn jedoch dazu die Liebe Gottes
nicht treibt, so ist es nicht wohlgefällig vor dem Herrn.

Die merkwürdige Wirkung der Liebe.

„Die Liebe ist langmüthig und freundlich, die Liebe eifert
nicht, die Liebe treibet nicht Muthwillen, sie blähet sich nicht,
sie stellet sich nicht ungeberdig, sie suchet nicht das Ihre, sie
läßt sich nicht erbittern, sie trachtet nicht nach Schaden."
Das ist das Werk der Liebe. Sie läßt sich nicht erbittern.
Wenn Jemand keine Liebe Gottes in seinem Herzen hat, wie
schnell ist er dann versucht, vielleicht gegen die Kirche, weil
ihn manche der Glieder nicht gerade behandeln, wie es ihm
gefällt, oder weil ihn manche der Glieder nicht grüßen auf
der Straße, und man hat ihn zum letzten Mal in der Kirche
gesehen. Die Liebe ist langmüthig. Wenn ich den Herrn

Jesum Christum lieb habe, so werden mich diese Kleinigkeiten nicht vom Volke Gottes scheiden, noch wird die kalte, formelle Behandlung von Heuchlern diese Liebe Christi in meinem Herzen auslöschen. Wenn diese Liebe im Herzen wohnt und das Feuer auf dem Altar brennt, so werden wir nicht immer Fehler an Andern suchen oder ihre Handlungen tadeln.

Warnung für Tadler.

Die Liebe straft das Uebel, hat aber keine Freude an dem= selben. Die Liebe duldet die Sünde nicht, aber sie hat Ge= duld mit dem Sünder. Die Gewohnheit, beständig zu tadeln, ist sehr nachtheilig fürs geistliche Leben; es ist ungefähr die . niedrigste und gemeinste Stellung, welche Jemand einnehmen kann. Ich habe noch Niemand kennen lernen, dessen besten Werke nicht noch hätten verbessert werden können; ich habe noch nie etwas gethan, ich habe nie einen Vortrag gehalten, wovon ich nicht dachte, er hätte besser sein können; und oft habe ich mir Vorwürfe gemacht, daß ich es nicht besser machte. Aber dann sich hinzusetzen und zu tadeln, was Andere thun, während wir selbst nichts leisten, nicht einmal unsere Hand aufheben, um unsern Nächsten zu retten, das ist unrecht und der heiligen, geduldigen, göttlichen Liebe geradezu entgegen.

Die Liebe ist langmüthig; und wir sollten diesen tadelnden, krittelnden Geist aus der Kirche und unserm Herzen hinaus= schaffen; daher lasset ein Jedes von uns so leben, als müßten wir am Tage des Gerichts für uns selbst Rechenschaft geben, und nicht für unsere Nachbarschaft. Wenn wir nach 1. Co= rinther 13 leben, so werden wir nicht immer nach Fehlern bei unseren Mitmenschen suchen. Die Liebe ist langmüthig und freundlich. Die Liebe vergißt sich selbst und sorgt nicht zuerst für sich selbst. Das Weib, welches mit ihrem Salböl zu Jesu kam, hat wohl gar nicht an sich selbst gedacht. Sie wußte wenig, welches Werk sie an dem Herrn that. Es war nur ihre Liebe zum Meister. Sie vergaß ihre Umgebung, sie vergaß alles Andere, was dort war, sie zerbrach ihr Glas und goß das Salböl auf Jesum, daß es mit seinem Geruch das ganze Haus erfüllete. Ihre That zieht sich als schönes An= denken durch diese 1800 Jahre. Der Duft jener Salbung ist bis auf uns gekommen. Die Salbe kostete $40–$50 — keine kleine Summe für eine arme Frau in jener Zeit. Judas ver= kaufte den Sohn Gottes für $15–$20. Aber was diese Frau dem Heiland gab, war Alles, was sie hatte, und ihr Sinn war so ganz auf den Herrn gerichtet, daß sie nichts darnach fragte, was die Leute davon sagen würden. Wenn wir so unser Auge in Einfalt auf den Herrn richten und nicht Alles um uns her tadeln, sondern in der Kraft der Liebe thun, was wir können, dann wird unser Wirken für den Herrn reden und die Welt wird merken, daß wir von Jesu gelernet haben und seine herrliche Liebe in unsere Herzen ausgegossen ist.

Wenn wir die Kirche Christi nicht lieb haben, so wird sie uns wenig nützen; wenn wir die Bibel nicht lieb haben, wird sie uns ebenfalls nichts nützen. Was wir daher bedürfen, ist Liebe zu Christo, Liebe zu seinem Worte, Liebe zu seiner Kirche; und wenn wir Liebe haben, so leben wir in diesem Geiste und nicht im Geiste der Tadelsucht und Unzufrieden= heit.

Und was nach der Liebe?

Auf die Liebe folgt Friede. Ich habe oben gesagt, daß sich viele Leute bemühen, Frieden zu machen. Aber das ist bereits geschehen. Gott hat das nicht uns überlassen; Alles, was wir zu thun haben, ist, zum Frieden einzugehen. Es ist eine Bedingung, und anstatt uns zu bemühen, Frieden zu machen und um Frieden zu arbeiten, wollen wir dieses gehen lassen und einfach in den süßen Frieden eingehen.

Wenn ich Jemand, der sich in einem Keller befindet, klagen

höre, daß es da unten dunkel und kalt und feucht sei, so sage
ich: „Mein Freund, komm heraus aus dem Keller. Hier oben
ist es schön warm, ein schöner Frühlingstag; es ist angenehm
und helle, komme herauf und freue dich des lieblichen Tages."
Derselbe sagt aber: „Ach nein, ich will versuchen, ob ich's
hier unten nicht helle machen kann, ich probire mich in ein
warmes Gefühl hineinzuarbeiten." Und so schafft und arbeitet er schon seit einer ganzen Woche. Ich stelle mir vor, wie
der Leser über diesen Vergleich lächelt; aber du lächelst vielleicht über dein eigenes Bild; denn dies ist der Zustand so
Vieler, die ich täglich antreffe: sie versuchen, sich in den Frieden und ein freudiges Gefühl hineinzuarbeiten. Frieden ist
ein Verhältniß, in welches man eintritt, es ist ein Zustand,
und anstatt zu versuchen, Frieden zu machen, lasset uns glauben, was Gottes Wort sagt, daß der Friede bereits gemacht
ist durch das Blut Jesu Christi am Kreuz. Christus hat für
uns Frieden gemacht und er will nun, daß wir dieses glauben
und in diesen Frieden eingehen. Das einzige, was unsern
Frieden stören kann, ist die Sünde. Gott verkehret den Weg
der Gottlosen. Der Gottlose hat keinen Frieden, spricht
mein Gott. Sie sind wie ein ruheloses Meer, welches beständig Koth und Unrath auswirft; aber Frieden mit Gott durch
das Blut Christi, Frieden in dem Bewußtsein der Vergebung unserer Sünden ist wie ein Fels; die Wogen stürmen
gegen ihn an, er aber steht fest. Wenn wir Frieden finden,
so geschieht es nicht auf den Grund angeborner Tugenden;
er kommt von außen her in unser Herz. In Joh. 16, 33
lesen wir: „Solches habe ich mit euch geredet, daß ihr in
mir Frieden habt." In mir Frieden habt. Jesus Christus ist die Quelle des Friedens. Er erwarb Frieden. Sein
Evangelium ist das Evangelium des Friedens. „Siehe, ich
verkündige euch große Freude, die allem Volk widerfahren
soll, denn euch ist heute der Heiland geboren, welcher ist

Christus der Herr, in der Stadt Davids." Und dann folgt
der Chor der Engel: „Ehre sei Gott in der Höhe und Friede
auf Erden." Er hat Frieden gebracht. „In der Welt habt
ihr Angst; aber seid getrost, ich habe die Welt überwunden."
Wie wahr, daß wir in der Welt Angst haben! Seid ihr in
Angst? Seid ihr in Trübsal? Seid ihr in Sorgen? Bedenkt, daß das unser Loos ist. Paulus hatte Trübsal, und
Andere theilten dieselbe. Wir werden der Prüfung nicht ent-
gehen. Aber im Innern mag ungestörter Friede wohnen.
Ist Trübsal unser Loos, so ist Friede unser Erbtheil. Jesus
gibt Frieden; und wißt ihr auch, daß zwischen seinem Frieden
und unserm Frieden ein großer Unterschied ist? Irgend
Jemand kann unsern Frieden stören, aber Niemand stört seinen Frieden. Das ist der Friede, welchen er uns hinter-
lassen hat. Nichts kann denjenigen schaden, die auf Christum
vertrauen.

Nicht leicht straucheln.

In Psalm 119, 165 heißt es: „Großen Frieden haben, die
dein Gesetz lieben, und werden nicht straucheln." Das Forschen
im Worte Gottes sichert Frieden. Betrachtet diejenigen Christen, welche im Worte Gottes gewurzelt und befestigt sind,
und ihr findet, sie haben großen Frieden; aber diejenigen,
welche ihre Bibel nicht forschen noch kennen, die leicht über
jede Kleinigkeit straucheln, sobald ein wenig Trübsal oder
Verfolgung kommt, dann ist ihr Friede gestört. Ihr Friede
schwindet vor jedem Hauch des Widerstandes.

Ich muß mich bisweilen erstaunen, wie ein wenig Widerwärtigkeit manchen Leuten allen Trost und Frieden raubt.
Die Zunge der Verleumdung verheert denselben. Haben wir
aber den Frieden Gottes, den kann uns die Welt nicht nehmen. Sie kann ihn nicht geben noch zerstören. Wir erhalten
den Frieden, welchen Jesus gibt, hoch über der Welt her.

„Großen Frieden haben, die dein Gesetz lieben, und werden
nicht straucheln." Christus sagt: „Selig ist, wer sich nicht
an mir ärgert." Ihr werdet wahrnehmen, daß ein in der
Schrift gegründeter Christ, der seine Bibel kennt und sich täglich durch gebetsvolle Betrachtung am Worte Gottes nährt,
nicht leicht strauchelt.

Solche Leute wachsen und wirken ununterbrochen fort. Alle
diejenigen, welche nie in ihre Bibel schauen, welche nicht im
Worte Gottes suchen, die straucheln beständig und wundern
sich dann, warum sie so viel Prüfungen haben. Das sind die
Leute, welche uns sagen, das Christenthum sei nicht das, was
man von demselben gerühmt habe, es gewähre nicht, was es
verspräche. Aber der Fehler ist, daß sie nicht thun, wie ihnen
der Herr geboten hat. Sie vernachlässigen Gottes Wort.
Hätten sie fleißig in Gottes Wort geforscht, sie wären nicht
in diesen Zustand hinein gerathen; sie wären nicht Jahre lang
von dem Herrn hinweg gewandert und hätten sich an den
Trägern der Welt zu sättigen gesucht. Aber der Fehler ist,
sie haben versäumt, das neue Leben zu nähren, und die arme
Seele, welche Hunger leidet, wird schwach und strauchelt leicht.

Ich traf einst Jemand, welcher sagte, seine Seele sei während 40 Jahre ohne Nahrung gewesen. „Ei," sagte ich,
„das ist in der That hart für die Seele, wenn sie keine Speise
bekommt." Und dieser Mann ist nur einer aus Tausenden
und Zehntausenden, deren arme Seelen am Verschmachten
sind. Diesen Körper, welchen wir nur kurze Zeit bewohnen,
nehmen wir gut in Acht, speisen denselben dreimal des Tages
und bekleiden und versorgen ihn, bis er endlich ins Grab
sinkt und den Würmern zur Speise wird; aber der innere
Mensch, welcher fort und fort leben soll, der ist mager und
schmachtet.

Köstliche Worte.

In 4. Mose 6, 22 lesen wir:

„Und der Herr redete mit Mose und sprach: Sage Aaron und seinen Söhnen und sprich: Also sollt ihr sagen zu den Kindern Israel, wenn ihr sie segnet: Der Herr segne dich und behüte dich; der Herr lasse sein Angesicht leuchten über dir und sei dir gnädig; der Herr hebe sein Angesicht über dich und gebe dir Frieden."

Ich denke, dies sind so köstliche Worte, wie wir sie nur im Alten Testament finden. Ich bezeichnete dieselben schon vor Jahren in meiner Bibel und habe sie wiederholt gelesen. „Der Herr hebe sein Angesicht über dich und gebe dir Frieden." Sie erinnern uns an die liebenden Worte Jesu an seine geängsteten Jünger: „Friede sei mit euch." Der jüdische Gruß lautete beim Betreten eines Hauses: „Friede sei mit diesem Hause!" Und wenn man das Haus verließ, pflegte der Hausherr zu sagen: „Ziehe in Frieden!"

Wieder heißt es Joh. 14, 27, wo Jesus spricht: „Den Frieden lasse ich euch, meinen Frieden gebe ich euch. Nicht gebe ich euch, wie die Welt gibt. Euer Herz erschrecke nicht und fürchte sich nicht." Dies ist das köstliche Vermächtniß Christi für alle seine Nachfolger. Jeder Mann, jede Frau, jedes Kind, welches an ihn glaubt, hat dieses gute Theil. Jesus hat es ihm vermacht, und ihm gehört der Friede Gottes.

Dieses ist also der Zweck und das Vermächtniß Jesu. Meinen Frieden gebe ich euch. Ich gebe ihn und werde euch denselben nicht wieder nehmen; ich lasse euch denselben. „Nicht gebe ich, wie die Welt gibt. Euer Herz erschrecke nicht und fürchte sich nicht." Aber ihr wißt, wenn manche Leute ihr Testament machen und ihr Eigenthum überschreiben, dann gibt es nicht selten spitzfindige Advokaten, welche das Ver-

mächtniß umstoßen; sie gehen vor Gericht, rütteln an dem
Testament, bis sie es in Stücke reißen, und das Geld fließt
sonstwo hin. Aber das Testament, welches Jesus gemacht
hat, kann weder Mensch noch Teufel umstoßen. Er hat ver-
heißen, uns Frieden zu geben, und es gibt Hunderte und
Tausende von Zeugen, welche sagen können: „Ich habe einen
Theil von diesem Erbtheil, ich besitze Frieden; ich betete zu
Jesu um Frieden und erhielt denselben; ich kam zu ihm in
Dunkelheit, ich kam in Sorgen und Trübsal, ich stand unter
einer dunklen Wolke der Anfechtung, und als ich zu ihm kam,
sagte er: „Friede sei mit dir.“ Und von jener Stunde an
wohnte der Friede in meiner Seele. Jawohl, sehr viele haben die Einladung wahr gefunden: „Kommet her zu mir alle,
die ihr trübselig und beladen seid, so werdet ihr Ruhe finden
für eure Seelen.“ Sie fanden Ruhe, als sie zu ihm kamen.
Er ist die Quelle der Ruhe, er ist die Quelle des Friedens, und
Niemand kann diesen Willen umstoßen. Der Unglaube mag
denselben anfechten; aber Jesus ist auferstanden, um seinen
Willen selbst auszuführen, und es ist vergebliche Mühe, das
Vermächtniß stürzen zu wollen. Ungläubige und Zweifler
mögen uns sagen, es sei nur eine Fabel, und daß nichts an
der ganzen Sache sei; so wird doch der herrliche Chorus stets
fortklingen: „Friede auf Erden und den Menschen ein Wohlgefallen,“ und die Armen und Elenden, die Traurigen und
Betrübten nehmen Theil an dieser Gabe.

Daher, lieber Leser, brauchst du nicht länger auf Frieden zu
warten. Es ist nichts nöthig, als daß du heute in denselben
eingehst. Du brauchst nicht zu versuchen, Frieden zu machen.
Das ist eine falsche Idee, du kannst ihn nicht machen. Der
Friede ist bereits durch Christum gemacht und wird uns nun
verkündigt.

Frieden verkündigt.

Als Frankreich und England Krieg führten mit einander, hatte ein französischer Wallfischfänger eine lange Reise unternommen, und während der Rückkehr war den Matrosen das Trinkwasser ausgegangen, deßhalb wünschten sie in einem benachbarten englischen Hafen Wasser einzunehmen; jedoch war ihnen bange, sie möchten aufgefangen werden, wenn sie in den Hafen einliefen. Mehrere Leute gewahrten das Schiff und dessen Nothsignal vom Hafen aus und übersandten ihnen die Nachricht, daß sie sich nicht zu fürchten brauchten, denn der Krieg sei vorüber und der Friede erklärt. Aber die Matrosen wollten es nicht glauben, daher getrauten sie sich nicht in den Hafen, obgleich sie kein Wasser hatten; doch entschlossen sie sich endlich, lieber ihre Ladung und ihr Leben dem Feinde zu überantworten, als ohne Wasser verschmachten zu müssen. Als sie jedoch in den Hafen kamen, fanden sie aus, daß wirklich Frieden gemacht und das, was man ihnen gesagt, volle Wahrheit war. So gibt es viele Leute, welche die frohe Botschaft von dem göttlichen Frieden nicht glauben. Jesus Christus hat am Kreuze Frieden gemacht. Er befriedigte die Forderungen des Gesetzes; und dieses Gesetz, welches euch und mich verdammt, ist durch Christum erfüllt worden. Er hat Frieden gemacht, und nun will er, daß wir uns dieses Friedens erfreuen, daß wir es glauben sollen. Noch ist etwas da, welches uns daran hindern kann, wenn wir nur wollen. Wir können dieses Segens jetzt theilhaftig werden und völligen Frieden haben. Die Verheißung ist: Du wirst mich im vollen Frieden erhalten, wenn mein Herz sich auf dich verläßt. So lange sich aber das Herz auf uns selbst verläßt, wird es nicht zum Frieden kommen. Manche Leute halten mehr von sich selbst, als von der übrigen ganzen Welt. Es ist Selbst am Morgen, Selbst am Mittag, Selbst am

Abend. Es ist Selbst, wenn sie aufwachen, und Selbst, wenn sie zu Bette gehen; sie schauen nur auf sich selbst und denken nur an sich selbst, anstatt „aufzuschauen auf Jesum." Der Glaube ist ein Blick aus uns. Der Glaube schauet nicht einwärts, sondern auswärts. Es ist nicht, was ich denke, oder fühle, oder gethan habe, sondern was Christus ist und that, und daher sollen wir auf ihn vertrauen, der unsere Stärke ist und dessen Kraft niemals zu Schanden wird. Nachdem Christus von den Todten auferstanden war, trat er, wie uns Johannes berichtet, dreimal zu seinen Jüngern und sprach: „Friede sei mit euch." Da ist Frieden für das Gewissen durch sein Blut und Frieden für das Herz in seiner Liebe.

Das Geheimniß der Freude.

Ihr erinnert euch also, daß Liebe Macht ist, und Frieden auch Macht ist; aber nun will ich eure Aufmerksamkeit auf eine andere Frucht des Geistes lenken, und diese ist auch Macht — die Eigenschaft der Freude. Ich glaube, es ist das Vorrecht eines jeden Christen, im Lichte zu wandeln, wie Gott im Lichte ist, und den Frieden zu besitzen, welcher uns beständig zufließt, wie wir uns in dem Werke des Herrn bethätigen. Und es ist unser Vorrecht, voll zu sein von der Freude in dem Herrn. Wir lesen, daß große Freude in der Stadt war, als Philippus nach Samarien gekommen und das Wort Gottes verkündigt hatte. Warum? Weil sie die frohe Botschaft glaubten. Und das ist die natürliche Ordnung der Dinge: Freude im Glauben. Wenn wir die frohe Botschaft glauben, so kehrt Freude in unser Herz ein. So wird uns berichtet, daß der Herr die Siebenzig aussandte, das Evangelium von Christo zu verkündigen, und die Folgen waren, daß dadurch Viele gesegnet wurden, und sie kehrten zurück mit großer Freude und verkündigten, daß ihnen im Namen Jesu auch die Teufel unterthan seien. Der Herr berichtigt sie nur in diesem einen Punkte, indem er sagt: Freuet euch nicht, daß euch die Teufel unterthan sind, freuet euch aber, daß eure Namen im Himmel angeschrieben sind." Es ist Gewißheit für euch. Sie hatten etwas, worüber sie sich freuten. Gott verlangt nicht, daß wir uns über nichts freuen, sondern er gibt uns Ursache zur Freude. Was würdet ihr von Jemand denken, welcher sehr glücklich und voller Freude zu sein schiene, und könnte euch nicht sagen, was ihn so froh machte? Gesetzt, ich würde eine Person auf der Straße treffen, welche so freudig wäre, daß sie meine beiden Hände ergriffe und sagte: „Gott sei Dank, ich bin voller Freude." „Was ist denn der Grund deiner großen Freude?" „Nun, ich weiß es nicht." „Du weißt es nicht?" „Nein; aber ich bin so freudig, daß ich wünschte, ‚außer dem Leibe‘ zu sein." „Nun, was macht dich denn so freudig?" „Ich kann's nicht sagen." — Würde man eine solche Person nicht als unzurechnungsfähig betrachten? Aber es gibt nicht wenig Leute, welche fühlen wollen, daß sie Christen sind, ehe sie Christen geworden sind; sie wollen die christliche Erfahrung haben, ehe sie Christen werden, sie wollen die Freude in Christo genießen, ehe sie Christus selbst haben. Das ist aber nicht die Ordnung des Evangeliums. Er bringt Freude, wenn er kommt, und außer ihm haben wir keine Freude; es gibt keine Freude außer Christo, er ist die Quelle derselben, und wir finden unsere Freude in ihm.

Die Freude nicht selbstsüchtig.

Es gibt drei Arten der Freude. Zunächst die Freude unserer eigenen Seligkeit. Als ich diese zum ersten Mal schmeckte, dachte ich, es sei die herrlichste Freude, die ich jemals erfahren, und ich würde nie etwas Herrlicheres erleben. Später habe ich jedoch erfahren, es gibt noch etwas Größeres, nemlich die Freude über die Seligkeit unserer Mitmenschen. O das Vorrecht, das herrliche Vorrecht, ein Werkzeug in Gottes

Hand zu sein, um Seelen zu Jesu zu führen; zu sehen, wie Männer und Frauen durch unsere Vermittlung aus der Knechtschaft der Sünde geführt werden. Welch ein Gedanke, daß wir Gottes Mitarbeiter sein sollen. Es ist die höchste Ehre, die uns widerfahren kann. Es übertrifft die Freude über unsere eigene Seligkeit, die Freude, Andere gerettet zu sehen. Johannes sagte, er habe keine größere Freude, denn die, daß seine Kinder in der Wahrheit wandelten. Jeder, welcher gewürdigt wurde, Seelen zu Jesu zu leiten, weiß, was das meint. Die Neubekehrten sollen nur in der Wahrheit wandeln, und sie werden ununterbrochene Freude genießen.

Ich denke, es ist ein Unterschied zwischen Glück und Freude. Das Gefühl des ersteren wird durch die uns umgebenden Umstände erzeugt, und die Verhältnisse stören dasselbe; aber die Freude währt auch in der Trübsal, in Dunkelheit; sie bleibt uns während der Nacht wie bei Tage, in Verfolgung und Widerwärtigkeit, sie fließt beständig fort, denn sie ist eine unversiegbare Quelle, welche in unsere Herzen sprudelt; ein verborgener Born, von welchem die Welt nichts sieht und nichts weiß; aber der Herr gibt den Seinen beständige Freude, wenn sie im Gehorsam der Wahrheit wandeln.

Die Nahrung dieser Freude ist das Wort Gottes. Jeremias sagt, Cap. 15, 16: „Indeß enthalte uns dein Wort, wenn wir es kriegen; und dasselbe dein Wort ist unseres Herzens Freude und Trost; denn wir sind ja nach deinem Namen genannt, Herr, Gott Zebaoth.“

Der Prophet verschlang die Worte, und was war das Resultat? Er sagt, sie seien seines Herzens Freude und Trost. Die Leute sollten sich nach Freuden in Gottes Wort anstatt nach Freuden in der Welt umsehen: sie sollten die Freuden suchen, welche die Schrift bietet, und dann in den Weinberg des Herrn gehen; denn eine Freude, die mich nicht zu meinen

Mitmenschen führt, die mich nicht veranlaßt, dem armen Trunkenbold zu helfen, eine Freude, die mich nicht drängt, die Wittwen und Waisen in ihrer Trübsal zu besuchen, eine Freude, welche mich nicht in die Missionssache oder ein anderes Feld christlicher Thätigkeit führt, ist nicht werth, daß man sie hat, denn sie ist nicht von Oben; eine Freude, die mich nicht zur Wirksamkeit im Dienste meines Meisters drängt, ist leeres Gefühl und keine wahre Freude.

Freude in Verfolgung.

Es heißt in Lukas 6, 22: „Selig seid ihr, so euch die Menschen hassen und absondern, und schelten euch, und verwerfen euren Namen als einen boshaftigen, um des Menschen Sohnes willen. Freuet euch alsdann und hüpfet; denn siehe, euer Lohn ist groß im Himmel. Desgleichen thaten ihre Väter den Propheten auch."

Die Christen erhalten ihren Lohn nicht hier auf Erden. Wir müssen dem Strom der Welt gerade entgegen gehen. Wir mögen nicht populär und gegen die Ansichten vieler unserer persönlichen Freunde sein, wenn wir ein gottseliges Leben in Christo führen. Während wir aber um Jesu willen Verfolgung leiden, quillt die Freude in unserm Herzen fort; sie sprudelt beständig trotz allen Widerstandes. Die Welt kann diese Quelle nicht verstopfen. Haben wir Christum im Herzen, so folgt endlich die Belohnung. Je länger ich lebe, desto mehr überzeuge ich mich, daß christliche Männer und Frauen in unserer Zeit nicht hinreichend geschätzt werden. Aber ihr Werk wird nach ihnen fortleben und wird sich ausbreiten, wenn sie einmal nicht mehr da sind, durch den Einfluß, welchen ihr gottseliger Wandel nach sich zieht. Daniel wirkt heute tausendmal mehr, als da er noch in Babylon lebte. Abraham thut heute mehr, als zur Zeit, da er sein Zelt und seinen Altar auf Erden hatte. Durch alle die folgenden Jahrhun-

derte hat er gelebt, und so lesen wir: „Selig sind die Tod=
ten, die in dem Herrn sterben von nun an; der Geist spricht,
daß sie ruhen von ihrer Arbeit, und ihre Werke folgen ihnen
nach." Laßt uns die Ströme flüssig machen, welche nach un=
serm Hinscheiden fließen sollen. Haben wir Verfolgung und
Widerstand, laßt uns nur fortkämpfen, und unser Lohn wird
groß sein im Himmel. O, denkt daran: Der Herr Jesus, der
Schöpfer Himmels und der Erden, der Alles erschuf, sagt:
„Euer Lohn wird groß sein." Er heißt ihn groß. Wenn
irgend ein Freund großen Lohn verspricht, der möchte doch
sehr klein ausfallen; wenn aber der Herr, der große und
mächtige Gott sagt, er ist groß, was muß es dann sein? O
der Lohn, welcher derer wartet, welche ihm dienen. Eine
niedergeschlagene Person taugt nicht im Weinberge des
Herrn, denn sie macht ein griesgrämiges Gesicht. „Die
Freude am Herrn ist eure Stärke." Was wir heute nöthig
haben, ist eine freudenvolle Kirche. Eine freudenvolle Kirche
entreißt dem Satan Beute, und wir sehen, wie das Evange=
lium in die dunklen Gassen und Straßen, in die düstern Kel=
ler und die öden Dachstuben getragen wird, wie es die Trun=
kenbolde und die Spieler und die Hurer erreicht und zum
Reiche Gottes führt. Es sind die düstern Gesichter mit den
vielen Falten auf der Stirne, welche das Reich Gottes hin=
dern. O, möchten die Gläubigen alle und überall mit großer
Freude erfüllt werden, daß wir Tag und Nacht vor frohem
Muth jauchzen möchten! Eine freudenvolle Kirche — laßt
uns beten, daß uns der Herr erfülle mit Freude, und haben
wir Freude, so haben wir Erfolg; und wird uns dann auch
hier nicht der Lohn zu Theil, wie wir meinen, daß wir ihn
haben sollten, so laßt uns an den Lohn denken, welcher unserer
droben wartet.

Es hat Jemand gesagt, daß wenn man die Leute zu Abra=
hams Zeit gefragt hätte, wer ihr „großer Mann" sei, so hät=

ten sie gesagt: Enoch, und nicht Abraham. Hätte man zu
Mosis Zeiten nach ihrem „großen Manne" gefragt, so wäre
es nicht Moses gewesen, sondern Abraham, Moses galt nichts.
Zu den Zeiten Elias oder Daniels aber wäre es Moses
gewesen und nicht jene. Und hätte man in den Tagen
Jesu sich nach Johannes dem Täufer oder den Aposteln er=
kundigt, so wäre das Urtheil von Seiten der Welt höchst
verächtlich ausgefallen; aber jetzt, wie mächtig sie geworden
sind. Und so werden wir auch in unsern Tagen nicht ge=
schätzt; aber wir wollen fortarbeiten und wirken, während
diese Freude unsere Herzen erfüllt. Und fehlt uns diese, so
lasset uns rufen: „Tröste mich wieder mit deiner Hülfe, und
der freudige Geist enthalte mich. Denn ich will die Uebertre=
ter deine Wege lehren, daß sich die Sünder zu dir bekehren."

In Joh. 15, 11 lesen wir: „Solches rede ich zu euch, auf
daß meine Freude in euch bleibe und eure Freude vollkom=
men werde." Und wieder in Cap. 16, 22: „Und ihr habt
nun Traurigkeit; aber ich will euch wieder sehen und euer
Herz soll sich freuen, und eure Freude soll Niemand von euch
nehmen."

Wie bin ich so dankbar, eine Freude zu haben, welche mir
die Welt nicht rauben kann; ich besitze einen Schatz, den mir
die Welt nicht zu nehmen vermag; ich habe Etwas, welches
mir die Macht der Welt und des Teufels nicht zu nehmen ver=
mag, und das ist die Freude in dem Herrn. „Eure Freude
soll Niemand von euch nehmen."

Im zweiten Jahrhundert brachten sie einen der Märtyrer
vor den König, und dieser verlangte, daß er Christum und
dem Christenthum abschwören solle. Der Christ aber schüt=
telte sein Haupt zu diesem Antrage. Da sagte der König:
„Thust du es nicht, so schicke ich dich in die Verbannung."
Lächelnd entgegnete Jener: „Du kannst mich nicht von Christo
verbannen, denn er spricht, er wolle mich nicht verlassen noch

7

versäumen." Da wurde der König zornig und sprach: „So werde ich deine Güter confisciren und dir Alles nehmen lassen." Da sagte der Christ: „Meine Schätze sind im Himmel, an diese kannst du nicht kommen." Höchst aufgeregt sagte der König: „Dann mußt du sterben." „Ei," entgegnete der demüthige Christ, „ich bin bereits vierzig Jahre todt; ich bin gestorben mit Christo, gestorben der Welt, und mein Leben ist verborgen mit Christo in Gott, und du kannst es nicht anrühren." So können wir uns freuen, denn wir stehen auf dem Grunde der Auferstehung, indem wir mit Christo auferstanden sind. Laßt Verfolgung und Widerstand kommen, wir können uns beständig freuen in dem Gedanken, daß unser Lohn groß und für uns aufgehoben ist auf den Tag, wenn unser Heiland, welcher unser Leben ist, erscheinen wird, und wir werden mit ihm offenbar werden in der Herrlichkeit.

„Schau, o mein Geist, in jenes Leben,
  Zu welchem du erschaffen bist;
Wo du, mit Herrlichkeit umgeben,
Gott ewig sehn wirst, wie er ist;
Du hast ein Recht zu diesen Freuden,
Durch Gottes Güte sind sie dein;
Sieh, darum mußte Christus leiden,
Damit du könntest selig sein.

Und diesen Gott sollt ich nicht ehren
Und seine Güte nicht verstehn?
Er sollte rufen, ich nicht hören?
Den Weg, den er mir zeigt, nicht gehn?
Sein Will' ist mir ins Herz geschrieben,
Sein Wort bestärkt ihn ewiglich;
Gott soll ich über Alles lieben
Und meinen Nächsten gleich als mich.

Dies ist mein Dank, dies ist sein Wille,
Ich soll vollkommen sein, wie er;
So lang' ich dies Gebot erfülle,
Stell ich sein Bildniß in mir her.
Lebt seine Lieb' in meiner Seele,
So treibt sie mich zu jeder Pflicht;
Und ob ich schon aus Schwachheit fehle,
Herrscht doch in mir die Sünde nicht.

O Gott, laß deine Güt' und Liebe
Mir immerdar vor Augen sein;
Sie stärk' in mir die guten Triebe
Mein ganzes Leben dir zu weih'n,
Sie tröste mich zur Zeit der Schmerzen,
Sie leite mich zur Zeit des Glücks,
Und sie besieg' in meinem Herzen
Die Furcht des letzten Augenblicks.“

Winde wehen, von den Höhen,
  Angeregt vom Geist des Herrn,
    In Erfüllung muß nun gehen
Die Verheißung nah und fern.

Er, der selbst mit Blut erkaufet
Alle Völker, Groß und Klein,
Nun mit seinem Geiste taufet
Die sich seinem Dienste weih'n.

O, so komm auch jetzt hernieder,
Heilger Tröster, kehre ein!
Und erfülle Christi Glieder,
Mache sie vollkommen rein!

Wirke Muth und Ernst und Leben
Und die Früchte rechter Art,
Wie sie tragen frische Reben,
Wohlgepfleget, rein und zart.

Niemals laß uns dich betrüben,
Nie dich dämpfen, nie verschmähn;
Hilf uns stets Gehorsam üben
Und auf rechtem Wege gehn.

Kapitel V.

Gehinderte Kraft.

Die Schläge mit dem „Schwert des Geistes" treffen nur das Gewissen, und seine Schärfe ist mit heilender Salbe bestrichen, um alle Wunden zu heilen, welche es verursacht. Dr. J. Harris.

Jeder thörichte Gedanke, jedes unnütze Wort, jede gottlose Handlung sind wie so manche Tropfen, um den Geist Gottes zu dämpfen. Manche dämpfen ihn durch die Lust des Fleisches, Andere durch die Sorgen der Welt, Andere durch langes Aufschieben, indem sie dessen Zügen nicht folgen, wenn sie dieselben spüren, sondern die guten Gedanken mit bösen Gedanken durchkreuzen und Dinge thun, welche der Geist verbietet. Der Geist wird oft betrübt ehe er gedämpft wird H. Smith.

In den Zeiten, da gottlose Menschen die höchsten Stellen in der Welt einnahmen, wurde oft ein Trommlercorps angestellt, um dadurch die Stimmen der Märthrer zu ersticken, sonst möchten Viele ihr Zeugniß für die Wahrheit, welches sie noch auf dem Schaffot ablegten, gehört haben — ein Bild, wie die Menschen mit ihrem eigenen Gewissen umgehen und die Wahrheit predigende Stimme des heiligen Geistes zu ersticken suchen. Arnot.

Gehinderte Kraft.

Israel, so wird uns berichtet, lästerte den Heiligen in Israel. Sie versuchten und betrübten den heiligen Geist und lehnten sich auf gegen seine Autorität; jedoch es gibt eine besondere Sünde gegen ihn, welche uns zu betrachten nützlich sein wird. Die erste Schilderung finden wir in Matth. 12, 22–32:

Die Lästerung des heiligen Geistes.

„Da ward ein Besessener zu ihm gebracht, der war blind und stumm; und er heilete ihn, also, daß der Blinde und Stumme beides redete und sahe. Und alles Volk entsetzte sich und sprach: Ist dieser nicht Davids Sohn? Aber die Pharisäer, da sie es hörten, sprachen sie: Er treibt die Teufel nicht anders aus, denn durch Beelzebub, der Teufel Obersten. Jesus vernahm aber ihre Gedanken, und sprach zu ihnen: Ein jegliches Reich, so es mit ihm selbst uneins wird, das wird wüste; und eine jegliche Stadt oder Haus, so es mit ihm selbst uneins wird, mag nicht bestehen. So denn ein Satan den andern austreibt, so muß er mit ihm selbst uneins sein: wie mag denn sein Reich bestehen? So Ich aber die Teufel durch Beelzebub austreibe, durch wen treiben sie eure Kinder aus? Darum werden sie eure Richter sein. So Ich aber die Teufel durch den Geist Gottes austreibe, so ist je das Reich Gottes zu euch gekommen. Oder wie kann jemand in eines Starken Haus gehen, und ihm seinen Hausrath rauben; es sei denn, daß er zuvor den Starken binde, und alsdann ihm sein Haus beraube? Wer nicht mit mir ist, der ist wider mich; und wer nicht mit mir sammelt, der zerstreuet. Darum sage ich euch: Alle Sünde und Lästerung wird den Menschen vergeben; aber die Lästerung wider den Geist wird den Menschen nicht vergeben. Und wer etwas redet wider des Menschen Sohn, dem wird es vergeben; aber wer etwas redet wider den heiligen Geist, dem wird es nicht vergeben, weder in dieser noch in jener Welt." Matth. 21, 22—32.

Das ist die Schilderung des Matthäus. Nun laßt uns sehen, was Markus sagt in Cap. 3, 21 ff.:

„Und da es höreten, die um ihn waren, gingen sie hinaus, und wollten ihn halten; denn sie sprachen: Er wird von Sinnen kommen. Die Schriftgelehrten aber, die von Jerusalem herab gekommen waren, sprachen: Er hat den Beelzebub, und durch den Obersten der Teufel treibt er die Teufel aus."

Das Wort Beelzebub bedeutet den Fürst des Unflaths. Sie beschuldigten den Herrn Jesum, daß er nicht nur einen bösen Geist, sondern einen unfläthigen Geist habe.

„Und er rief sie zusammen, und sprach zu ihnen in Gleichnissen: Wie kann ein Satan den andern austreiben? Wenn ein Reich mit ihm selbst unter einander uneins wird, mag es nicht bestehen. Und wenn ein Haus mit ihm selbst unter einander uneins wird, mag es nicht bestehen. Setzet sich nun der Satan wider sich selbst, und ist mit ihm selbst uneins; so kann er nicht bestehen, sondern es ist aus mit ihm. Es kann Niemand einem Starken in sein Haus fallen, und seinen Hausrath rauben; es sei denn, daß er zuvor den Starken binde, und alsdann sein Haus beraube. Wahrlich, ich sage euch: Alle Sünden werden vergeben den Menschenkindern, auch die Gotteslästerung, damit sie Gott lästern. Wer aber den heiligen Geist lästert, der hat keine Vergebung ewiglich, sondern ist schuldig des ewigen Gerichts."

Wenn es nun hier aufhörte, so wären wir mit Bezug auf die Meinung des Ausdrucks von der Sünde wider den heiligen Geist ziemlich im Dunkeln; jedoch der nächste Vers in demselben Capitel des Markus wirft Licht auf den ganzen Gegenstand, und wir brauchen keinen Augenblick im Dunkeln zu sein, wenn wir nur Licht wollen; denn merkt, der Vers lautet: „Denn sie sagten: Er hat einen unsaubern Geist."

Ich habe schon viele Atheisten und Zweifler und Deisten und Ungläubige getroffen, beides in diesem Lande, wie im Auslande, aber niemals Jemand, der gesagt hätte, Jesus Christus sei von einem unsaubern Teufel besessen gewesen. Habt ihr? Ich denke kaum, daß ihr je eine solche Person ge= troffen habt. Ich habe gewisse Leute solche häßliche Sachen gegen Jesus aussprechen hören, doch hörte ich nie, daß Jemand aufgestanden wäre und gesagt hätte, Christus sei vom Teufel besessen gewesen, und daß er die Teufel durch die Kraft des Teufels ausgetrieben hätte; und ich glaube nicht, daß Jemand ein Recht hat zu behaupten, die Sünde begangen zu haben, die nicht vergeben werden kann, es sei denn, er habe boshaft, vorsätzlich und mit Absicht gesagt, daß er glaube, Jesus habe den Teufel gehabt und unter der Macht des Teufels gestanden, und daß er die Teufel durch die Macht des Teufels austrieb. Ihr habt wohl vielleicht Leute sagen hören, man könne den Geist Gottes betrüben und ihm widerstehen, bis er sich wende und den Menschen ganz verlasse, und ihr habt gesagt: „Das ist die Sünde wider den heiligen Geist."

Was sie nicht ist.

Ich gebe zu, daß man dem Geist Gottes widerstreben kann, und zwar so lange, bis er den Menschen verläßt; hat aber der Geist Gottes Jemand verlassen, so macht derselbe sich keine Sorge wegen seiner Sünde. Gerade die Thatsache, daß Leute wegen ihrer Sünden bekümmert sind, ist ein Zei= chen, daß sie der Geist Gottes nicht verlassen hat. Wenn

Jemand wegen seiner Sünden bekümmert ist, das ist das Werk des Geistes, denn der Satan hat ihm nicht gesagt, daß er ein Sünder ist. Der Satan versucht uns glauben zu machen, wir seien ziemlich gut, wir seien gut genug ohne Gott, sicher ohne Christus, und daß wir das Heil nicht nöthig hätten. Wenn aber Jemand zu der Erkenntniß kommt, daß er verloren ist, daß er ein Sünder ist, das ist das Werk des heiligen Geistes, und wenn der Geist Gottes ihn verlassen hätte, so würde er sich nicht in diesem Zustand befinden, und eben die Thatsache, daß Leute Christen werden wollen, ist ein Beweis, daß der Geist sie ziehet.

Wenn das Widerstreben gegen den Geist die Sünde wäre, welche nicht vergeben wird, dann hätten wir alle sie begangen, und es wäre keine Hoffnung für uns; denn ich glaube, es gibt keinen Prediger, keinen Arbeiter im Weinberge des Herrn, der nicht zu irgend einer Zeit dem Geiste Gottes widerstanden und ihn abgewiesen hätte. Dem heiligen Geiste zu widerstreben, ist eine Sache, und jene schreckliche Lästerung zu begehen, eine andere, und dies läßt sich durch Vergleichung der Schrift leicht einsehen. Freilich, manche Leute sagen: „Ich habe solche lästerliche Gedanken, es kommen mir schreckliche Gedanken gegen Gott in den Sinn," und nun meinen sie, das sei die Lästerung wider den heiligen Geist. Wir sind aber dafür nicht zu beschuldigen, daß

Böse Gedanken

in unser Gemüth kommen. Hegen wir dieselben jedoch, dann sind wir zu beschuldigen. Wenn der Teufel kommt und schleudert einen bösen Gedanken in meinen Sinn, und ich sage: „Herr, hilf mir," so wird es mir nicht zur Sünde gerechnet. Wem wären noch keine bösen Gedanken in den Sinn gekommen, gegen welche er ankämpfen mußte?

Ein alter Gottesgelehrter sagt: „Ihr seid nicht verant=

wörtlich dafür, wenn die Vögel über euer Haupt dahinfliegen, aber wenn ihr sie auf demselben ein Nest bauen laſſet, dann ſeid ihr ſelbſt ſchuld. Ihr habt die Schuld, wenn ihr ſie nicht wegtreibt. Und ſo iſt es mit den böſen Gedanken, welche uns durch den Sinn fahren; wir müſſen dieſelben nicht hegen, ſondern aus unſerm Gemüth verbannen. Wenn mir böſe Gedanken und Wünſche durch den Sinn fahren, iſt dies kein Zeichen, daß ich die Sünde wider den heiligen Geiſt begangen habe. Wenn ich aber dieſe Gedanken liebe und hege und Böſes denke von Gott, und daß Jeſus ein Läſterer ſei, ſo bin ich verantwortlich für ſolche große Sünde; wenn ich aber Jeſum als den Oberſten der Teufel bezeichne, dann begehe ich die Läſterung wider den heiligen Geiſt.

Der treue Freund.

Laſſet uns nun die Sünde des „Betrübens" des heiligen Geiſtes betrachten. Dem Geiſte widerſtehen iſt das eine, und denſelben betrüben ein anderes. Stephanus beſchuldigte die ungläubigen Juden in Apſtg. 7: „Ihr widerſtrebet allezeit dem heiligen Geiſt, wie eure Väter, alſo auch ihr." Die Welt hat jederzeit dem heiligen Geiſte widerſtrebt. Das iſt die Geſchichte der Welt. Die Welt widerſtrebt heute dem Geiſte Gottes.

Der heilige Geiſt, als ein treuer Freund, offenbart der armen Welt ihre Fehler, und die Welt haßt ihn nur dafür. Er zeigt ihr den Greuel ihres Herzens. Er ſtraft oder überzeugt ſie von der Sünde, darum bekämpfen ſie ihn. Ich glaube, daß heute mancher Mann dem Geiſte Gottes widerſtrebt und ihn betrübt.

In Epheſer 4, 30—32 leſen wir: „Und betrübet nicht den heiligen Geiſt Gottes, damit ihr verſiegelt ſeid auf den Tag der Erlöſung. Alle Bitterkeit, und Grimm, und Zorn, und Geſchrei, und Läſterung ſei ferne von euch, ſammt aller Bosheit.

Seid aber unter einander freundlich, herzlich, und vergebet
einer dem andern, gleichwie Gott euch vergeben hat in
Christo."

Nun merkt, das war an die Gemeinde zu Ephesus geschrie=
ben: „Betrübet nicht den heiligen Geist, damit ihr versie=
gelt seid auf den Tag der Erlösung." Ich glaube, daß die
Kirche in der ganzen Welt sich der Sünde schuldig macht, daß
sie den heiligen Geist betrübt. Es gibt nicht wenig Bekenner
in den verschiedenen Gemeinden, welche sich wundern, warum
das Werk Gottes nicht auflebt.

Die Kirche betrübt den Geist Gottes.

Ich denke, wenn wir genau suchen, so finden wir manches,
womit der Geist Gottes betrübt wird: es mag eine Meinungs=
verschiedenheit, es mag falsche Lehre oder Trennung in der
Kirche sein. Eins habe ich gefunden, während ich in verschie=
denen Ländern reiste, daß der Geist Gottes nie wirkt, wo die
Kinder Gottes nicht vereinigt sind. Wenn wir den heiligen
Geist in unserer Mitte haben wollen, so müssen wir vereinigt
sein. Wo die Gemeinde nicht einig ist, sollte man unverzüg=
liche Vereinigung anstreben. Die Gläubigen sollten zusam=
menkommen und die Schwierigkeiten aus dem Wege räumen.
Wenn der Prediger die Entzweiten nicht vereinigen kann,
wenn die Unzufriedenen nicht Halt nehmen wollen, so wäre
es besser, der Prediger zöge sich zurück. Ich denke, es gibt
viele Prediger in unserm Lande, welche ihre Zeit verlieren;
manche haben Monate und Jahre verloren, ohne Frucht zu
sehen, und sie werden keine Frucht sehen, weil ihre Gemeinden
in Unfrieden leben. Solche Gemeinden können nicht im
göttlichen Leben wachsen. Der Geist Gottes wirkt nicht, wo
Uneinigkeit und Zwiespalt ist, und was uns noth thut, ist
der Geist der Einigkeit unter Gottes Kindern, damit der Herr
wirken kann.

Weltliche Vergnügungen.

Ein anderer Punkt, womit der Geist Gottes betrübt wird, ist die verwerfliche Unsitte, zweifelhafte Vergnügungen in die Kirche einzuführen. In manchen Gemeinden hat man z. E. Lotterien. Wenn Jemand spielen will, so braucht er nicht in eine Spielhölle zu gehen, er kann in der Kirche bleiben. Dann gibt's Fairs — Bazaars heißt man sie — wo man würfelt u. dgl. Und wenn man ein Drama sehen will, so braucht man nicht ins Theater zu gehen, denn die Kirchen werden in Theater verwandelt; man kann in der Kirche bleiben, um sich das Spiel anzusehen. Ich glaube, alle diese Dinge betrüben den heiligen Geist. Wenn wir die Kirche auf den Standpunkt der Welt herabziehen, um die Welt zu erreichen, so verlieren wir beständig und betrüben den heiligen Geist.

Aber Manche sagen, wenn wir uns gegen Alles dies erklärten, so würden wir viele Glieder von der Kirche wegtreiben. Ich glaube das und denke, je schneller man dieselben los wird, desto besser. Die Welt dringt wie eine Fluth in die Kirche herein; und wie oft findet man, daß ein gottloser Chor den Gesang für eine Gemeinde versieht.— Solche Idee! Als bedürfe man ungöttlicher Menschen, das Lob Gottes zu singen. Vor nicht langer Zeit hörte ich von einer Gemeinde, welche unbekehrte Chorsänger hat, und der Prediger entdeckte manches unter denselben, das ihm nicht gefiel, und er sprach deßhalb zum Leiter desselben, welcher ihm aber erwiderte: „Sie versehen Ihr Ende von der Kirche, und ich das meinige." Man kann doch nicht erwarten, daß der Geist Gottes unter solchen Umständen wirken kann.

Unbekehrte Chorsänger.

Paulus ermahnt uns, nicht mit Zungen zu reden; und wenn man Sänger hat, welche in fremder Sprache singen,

warum ist das nicht ebenso großer Unsinn? Ich war schon
in Kirchen, wo sie einen Chor hatten, welcher aufstand und
sang und sang, vielleicht fünf oder zehn Minuten lang, und
Niemand konnte ein einziges Wort verstehen, und die Leute
blickten gleichgültig umher. Es gibt vielleicht einige Wenige,
welche seine Musik lieben, und diese wollen dann das Opern=
haus gerade in die Kirche bringen, und daher muß Opern=
musik gesungen werden, und diejenigen Leute, welche schläfrig
sind, betheiligen sich nicht am Gesang. Man miethet un=
göttliche, unbekehrte Leute zum Singen, und diese haben nicht
selten das Sonntagsblatt in der Tasche, und kaum hat die
Predigt begonnen, so schlüpfen sie hinter den Vorhang und
lesen die Zeitung. Der Organist — wenn er nicht während
des Gottesdienstes einen Spaziergang macht — liest seine
Zeitung oder einen Roman (d. h. wenn er nicht schläft), und
der Prediger wundert sich, warum Gott seine Arbeit nicht
segnet; er wundert sich, warum er seinen Halt am Volk ver=
liert, und warum er die Massen nicht erreicht; warum die
Leute der Welt nachlaufen, anstatt in die Kirche zu kommen.
Das Uebel ist, daß wir den hohen Standpunkt verlassen und
den Geist Gottes betrübt haben. Ein Zug der göttlichen
Kraft ist von mehr Bedeutung, als alle künstliche Kraft, und
was die Kirche bedarf, ist gründliche Demüthigung, Bekennt=
niß der Sünden und Ausgehen von der Welt; und dann
werdet ihr sehen, welchen Erfolg die Kirche haben wird bei
Gott und Menschen.

Was ist Erfolg?

Das Evangelium hat seine Kraft nicht verloren; es ist
heute noch so kraftvoll, als je zuvor. Wir bedürfen keiner
neuen Lehre. Es ist immer noch das alte Evangelium mit der
früheren Kraft, der Kraft des heiligen Geistes, und wenn die
Kirchen ihre Sünden bekennen und verlassen und emporsteigen

aus ihrem weltlich gesinnten Wesen in ein höheres, heiliges
Gottesleben, dann wird die Furcht des Herrn die Leute um
uns her ergreifen.

Es war zur Zeit, als Jakob die fremden Götter hinweg that
und sein Angesicht gen Bethel wandte, daß die Furcht des
Herrn auf die Völker umher fiel. Und wenn die Kirchen sich
zum Herrn wenden und den heiligen Geist nicht mehr betrü=
ben, so daß er durch uns wirken kann, dann werden wir
allenthalben Bekehrungen sehen. Es werden täglich hinzu=
gethan, die da glauben und selig werden. Es ist traurig,
wenn man über die christliche Welt blickt, wie verödet sie ist,
wie wenig geistliches Leben, geistliche Kraft in der Kirche sich
findet, manche Kirchenglieder verlangen gar nicht nach der
Kraft des heiligen Geistes. Sie wünschen dieselbe nicht, son=
dern dagegen Intelligenz; sie suchen einen Prediger, welcher
„zieht", einen Chor, welcher „zieht", und kümmern sich nicht,
ob Seelen gerettet werden. Das kommt bei ihnen nicht in
Frage. Wenn nur die Sitze voll werden, wenn man gute
Gesellschaft, modische Leute und Tanz haben kann. Solche
Leute findet man einen Abend im Theater und den andern
in der Oper. Betstunden haben sie nicht gerne, sie verab=
scheuen sie; wenn der Prediger nur zu unterhalten versteht,
das gefällt ihnen. Unlängst fragte ich Jemand: „Wie geht's
denn in eurer Gemeinde?" „Ausgezeichnet." „Viele Bekeh=
rungen?" „Nun, ja, in dem Punkte geht es langsam.
Aber," sagte er, „wir haben alle unsere Sitze vermiethet
und können unsere laufenden Kosten bestreiten; wir kommen
sehr gut voran." Das ist's, was die weltlich Gesinnten
„ausgezeichnet" nennen, wenn sie die Sitze vermiethen, den
Prediger bezahlen und die laufenden Kosten bestreiten. Be=
kehrungen, das ist etwas Fremdes. Man zeigte einmal einem
Manne verschiedene Kathedralen in Europa; er kam vom
Lande, und Jemand, welcher zu der Kathedrale gehörte, führte

ihn umher. Endlich fragte der Landmann: „Habt ihr hier
auch viele Bekehrungen?" „Viele was?" „Viele Bekehrungen?" „Ei, lieber Mann, dies ist keine wesleyanische
Kapelle!" Die Idee von Bekehrungen in einer Kathedrale!
Und ihr könnt in viele Kirchen unseres Landes gehen und
fragen, ob sie viele Bekehrungen haben, und sie wissen nicht,
was das meint, so weit sind sie vom Herrn gewichen; man
bekümmert sich nicht um Bekehrungen, denn man erwartet
keine.

Schiffbrüche.

O, wie viele Neubekehrte haben in den Gemeinden Schiff-
bruch gelitten. Anstatt ihnen ein Friedenshafen zu sein, sind
sie ihnen zu Irrlichtern geworden, welche sie ins Verderben
führten. Ist es nicht Zeit, daß wir auf unser Angesicht fallen
vor dem Herrn und zu ihm schreien, uns unsre Sünden zu
vergeben? Je eher wir's bekennen, desto besser. Man ladet
euch auf eine "party", welche aus Kirchengliedern besteht,
und was ist der Gegenstand des Gesprächs? O, ich bin solcher Zusammenkünfte so müde, daß ich sie schon längst aufge-
geben habe; es würde mir nicht einfallen, einen Abend dabei
zuzubringen, es ist Zeitverlust, es gibt dabei kaum eine Gelegenheit, etwas für den Herrn zu reden. Redet ihr vom Hei-
lande, so stoßen sich die Gäste daran—sie haben's nicht gerne;
sie reden gerne von der Welt, von einem populären Prediger,
einer populären Kirche, guten Orgel, gutem Chor und dgl.,
und sie sagen: „Wir haben eine ausgezeichnete Orgel, unser
Chor ist superb," und dies gefällt ihnen; aber es erwärmt
nicht das Herz eines Christen. Wenn ihr von einem auferstandenen Heiland, einem persönlichen Christus sprecht, das
gefällt nicht. Es ist Thatsache, die Welt ist in die Kirche gekommen und hat sich derselben bemächtigt, und daher ist es

Zeit für uns, Gott um Vergebung zu bitten, weil wir den Geist Gottes betrübt haben.

Lieber Leser! untersuche dein Herz und frage dich: „Habe ich etwas gethan, um den Geist Gottes zu betrüben? Wenn so, möge dir es Gott heute offenbaren; hast du etwas gethan, den heiligen Geist zu betrüben, so solltest du es unverzüglich erfahren und vor dem Herrn niederfallen und ihn um Verge= bung bitten, und daß er dir helfe, damit du es ablegst. Ich habe lange genug gelebt, um zu wissen, daß wenn die Kraft des Herrn nicht auf mir ruhet im Wirken für das Reich Got= tes, so wollte ich lieber sterben, als länger leben, anstatt nur zu leben um zu leben. Wie Viele gibt's heute in der Kirche, welche schon 15—20 Jahre Glieder sind, aber gar nichts thun für den Herrn. Sie können auch auf keine einzige Seele hinweisen, welche durch ihren Einfluß gesegnet worden wäre, sie könnten Niemand finden, der ihnen seine Besserung und geistliche Förderung verdankt.

Dämpfet nicht.

In 1. Thess. 5 werden wir ermahnt, den Geist nicht zu dämpfen. Aber ich bin überzeugt, daß die Sorgen der Welt bei Vielen den Geist dämpfen. Sie sagen: „Ich frage nichts nach der Welt," und vielleicht sind es bei ihnen nicht so viel die Freuden als die Sorgen der Welt; aber sie haben den Sorgen der Welt so Eingang gestattet, daß der Geist dadurch gedämpft wird. Irgend etwas, das sich zwischen mich und meinen Gott, zwischen Gott und meine Seele drängt, dämpft den Geist. Es mag meine Familie sein. Ihr möget sagen: „Ist denn Gefahr, daß ich meine Familie zu innig lieben kann?" Nicht, wenn wir den Herrn mehr lieben, aber Gott muß den ersten Platz im Herzen einnehmen. Wenn ich meine Familie mehr liebe als Gott, so dämpfe ich den Geist Gottes in mir. Wenn ich Reichthum, Ruhm, Ehre Stellung, Freu=

8

ben, mich selbst mehr liebe als Gott, der mich erschaffen und erlöst hat, so ist es mir Sünde; ich betrübe dann nicht nur den Geist Gottes, sondern dämpfe denselben und beraube meine Seele seiner Kraft.

Sinnbilder des heiligen Geistes.

Ferner möchte ich eure Aufmerksamkeit auf die Sinnbilder des heiligen Geistes lenken. Ein Sinnbild ist etwas, welches einen Gegenstand vorstellt, wie z. E. die Wage ein Sinnbild der Gerechtigkeit, eine Krone ein Sinnbild der Königswürde und ein Scepter ein Sinnbild der Macht ist. So wird uns in 2. Mose 17, 6 das Wasser als Sinnbild des heiligen Geistes vorgestellt. In dem Felsen, welchen Moses in der Wüste schlug, wird uns die heilige Dreieinigkeit versinnbild= licht.

„Siehe, ich will daselbst stehen vor dir auf einem Fels in Horeb. Du sollst diesen Fels schlagen, so wird Wasser heraus laufen, daß das Volk trinke. Moses that also vor den Aelte= sten von Israel."

Paulus erklärt in seiner Epistel an die Corinther, daß die= ser Fels Christus war, oder daß derselbe Christus vorstellte. Gott sagt: „Ich will daselbst stehen vor dir auf einem Fels," und als Moses den Felsen schlug, floß Wasser heraus, welches ein Sinnbild des heiligen Geistes ist, und dasselbe floß heraus durch das Lager, und sie tranken von dem Wasser. Das Wasser reinigt, das Wasser macht fruchtbar, es erfrischt, es fließt in Fülle und wird frei dargeboten. So ist auch der Geist Gottes: reinigend, befruchtend, erfrischend, belebend, und er wurde frei mitgetheilt, als der „geschlagene" Christus verherrlicht wurde. So ist auch das Feuer ein Sinnbild des heiligen Geistes; es reinigt, erleuchtet, durchdringt. Wir reden davon, unsere Herzen zu prüfen. Wir können es nicht thun. Aber der Herr kann sie erforschen. O, daß der Herr

uns mit seinem Geiste erforschen und das Verborgene offen=
baren und herausbringen möchte, was sich da festgesetzt hat.
Der Wind ist ein anderes Sinnbild. Er ist unabhängig,
mächtig, scharf in seinem Einherfahren und belebend, wie der
Geist Gottes Alles belebt, wenn er unter den niedergeschlage=
nen Kirchengliedern erscheint. Andere Bilder sind der Regen
und Thau — befruchtend, erfrischend, in Fülle; und die
Taube, sanft, was ist zutraulicher als eine Taube; dann das
Lamm — geduldig, sanft, unschuldig, ein Opfer. Wir lesen
von dem Zorn Gottes; wir lesen von dem Zorn des Lam=
mes; aber nirgends lesen wir von dem Zorn des heiligen
Geistes — sanft, unschuldig, liebevoll; und dieser Geist will
unsre Herzen erfüllen. Er kommt wie eine Stimme — ein
anderes Sinnbild — redend, führend, warnend, lehrend;
und das Siegel — eindrucksvoll, versichernd und uns sich
zum Eigenthum versiegelnd. Mögen wir ihn in dem ganzen
Reichthum seiner Segnungen erkennen! Dies ist mein Gebet
für mich — für euch. Mögen wir die Worte des großen
Apostels beherzigen: „Meine Rede und meine Predigt war
nicht in vernünftigen Worten menschlicher Weisheit, sondern
in Beweisung des Geistes und der Kraft; daß euer Glaube
bestehe, nicht auf Menschen Weisheit, sondern
auf Gottes Kraft.

„O komm herab, du Geist der Wahrheit,
  In aller deiner Kinder Brust,
Daß jedes sich in Gottes Klarheit
Der eignen Schwachheit sei bewußt.

O Geist der Gnade, komm, verbinde
Die Herzen, welchen Heilung fehlt,
Wenn uns der Gram um unsre Sünde
Mit bittern Reueschmerzen quält.

O Geist der Liebe, Geist des Lebens,
Lehr' uns in Sanftmuth allezeit
Vom Irrthum unsres Erdenstrebens
Den stillen Pfad zur Seligkeit.

O Geist der Weisheit, komm, verkläre
Du dich in uns und uns in dir,
Nach ew'gen Himmelsschätzen mehre
Du täglich in uns die Begier.

O Geist des Segens, komm und schütte
Uns allen deine Gaben aus,
Dann ziehn wir reich aus dieser Hütte
Dereinst hinauf ins Vaterhaus!"

HELPS IN BIBLE STUDY.

Notes and Suggestions for Bible Readings. Twenty-first thousand. Compiled by S. R. BRIGGS and J. H. ELLIOTT. Large 12mo, 262 pages, with complete index, cloth, fine, $1.00; flexible cloth, traveler's edition, 75 cents; cheap edition, paper covers, 50 cents.

Acknowledged to be the very best help for Bible readings in print. Containing, in addition to twelve introductory chapters on plans and methods of Bible study and Bible Readings, over six hundred outlines of Bible readings by many of the most eminent Bible students of the day.

This is a book which every Bible student should possess. Those who conduct Bible readings will find it most suggestive.—*Christian Progress.*

Symbols and Systems in Bible Readings. By Rev. W. F. CRAFTS. 64 pp., 25 cents.

Giving a plan of Bible reading, with fifty verses definitely assigned for each day, the Bible being arranged with much labor in the order of its events. The entire symbolism of the Bible also explained concisely and clearly. 100 hints upon Bible markings and Bible readings are added.

A year of work upon such a system would yield rich harvests of Bible knowledge and spiritual experience.—*Sunday School World.*

HELPS IN BIBLE STUDY.

The True Tabernacle. A series of lectures on the Jewish Tabernacle and its typical signification. By GEORGE C. NEEDHAM; illustrated, cloth, neat, 75 cents.

C. H. M's Notes. By C. H. MCINTOSH. Genesis, 75 cents; Exodus, 75 cents; Leviticus, 75 cents; Numbers, 75 cents; Deuteronomy, 2 volumes, each, 75 cents. Complete set, in box, $4.50.

The notes breathe a very sweet and reverential spirit, and the author shows wonderful insight into the heart of truth.—*Evangelist.*

Mr. D. L. Moody says of these books: They have been to me a very key to the Scriptures.

Major D. W. Whittle says: Under God they have blessed me more than any books, outside of the Bible itself, that I have ever read, and have led me to a love of the Bible that is proving an unfailing source of profit.

Life and Times of David, King of Israel; or, The Life of Faith Exemplified. By C. H. M. Third edition, revised, 12mo, 200 pp. Cloth, 60 cents.

The Gospel According to Moses, as seen in the Tabernacle and Its Various Services. By GEORGE ROGERS. New edition, enlarged 16mo, 124 pp. Paper, 50 cents; cloth, 75 cents.

This work is specially commended as a most striking unfolding of the gospel in the old testament. An absorbingly interesting volume. No preacher or teacher should be ignorant of the truth which this small volume very simply but forcibly enunciates.—*The Record.*

Outline of the Books of the Bible. By Rev. J. H. BROOKES, D. D. Invaluable to the young student of the Bible as a First Lessons in the study of the Bible. 180 pp.; cloth, 50 cents; paper covers, 25 cents.

How to Study the Bible. By D. L. MOODY. A valuable little work which should be carefully studied by all who desire to *enjoy* the study of the Book of books. Cloth, flexible, 15 cents; paper, 10 cents.

Ruth, the Moabitess; or, Gleanings in the Book of Ruth. By HENRY MOOREHOUSE. A characteristic series of Bible readings, full of suggestions and instruction. Neat 16mo, paper covers, 20 cents; cloth, gilt stamped, 40 cents,

Contains many fresh and original remarks, all tending to practical usefulness; a capital bit of commenting on a favorite book.—*Spurgeon's Sword and Trowel.*

Bible Readings. By HENRY MOOREHOUSE. A series of eleven sermons of comment and exposition, by one pre-eminently the man of one book—an incessant, intense, powerful student of the Bible. Neat 16mo, paper covers, 30 cents; cloth, gilt stamped, 60 cents.

The Date of Our Gospels. A critical argument and examination of evidences, particularly regarding their authenticity and authorship. By SAMUEL IVES CURTISS, D. D., Union Park Theological Seminary, Chicago. Square 16mo, neat, flexible cloth, 50 cents; paper edition, 25 cents.

The argument is winnowed of superfluous words, and presents a luminous and brief case.—*New York Independent.*

F. H. REVELL, CHICAGO: 148 and 150 Madison Street. NEW YORK: 148 and 150 Nassau Street,

HELPS IN CHRISTIAN WORK.

Children's Meetings and How to Conduct Them. By LUCY J. RIDER and NELLIE M. CARMAN. Introduction by Rev. J. H. VINCENT, D. D. Contains contributions from over forty well-known workers among children, and gives the cream of their experience. The outline lessons (over sixty in number) diagrams, and music will especially commend it to the thoughtful teacher. 208 pp., cloth, $1.00 net.

The volume will be heartily welcomed by many having this most important part of the religious instruction of the young in hand.— *Zion's Herald.*

Secret Power; or, the Secret of Success in Christian Life and Christian Work. By D. L. MOODY. Fifty-fifth thousand. 12mo volume, 116 pp., rich gilt and black stamp, cloth, 60 cents; cheap edition, paper cover, 30 cents.

Every page is full of stimulating thought for Christian workers.— *Christian Commonwealth.*
It is a good statement of the secret of success in Chrstian Life, by one who has some claim to speak on such a theme.—*The Outlook.*
This series of earnest and solemn addresses bear throughout that stamp of honest, eager earnestness, which is so striking a characteristic of the writer's labors as a preacher.—*Clerical World.*

Thus Saith the Lord. Compiled by Major D. W. WHITTLE. 134 pp., cloth, flexible, 50 cents.

This little work is a hand-book for the Christian worker—a manual of texts collected upon the leading subjects necessarily treated in evangelistic and other Christian efforts, especially in personal work.

How to Conduct Inquiry Meetings. By D. L. MOODY, and **The Use f the Bible in Inquiry Meetings.** By D. W. WHITTLE. 40 pages and cover. Price 15 cents.

The W r of Preaching Christ. By Bishop CHARLES PETTITT MCILVAINE. A revised edition of an important little work. Paper covers, 15 cents.

The Prayer Meeting and Its Improvement. By Rev. LEWIS O. THOMPSON, with introduction by Rev. A. E. KITTREDGE, D. D. n edition, revised. 12mo, 256 pp., $1.25.

A valuable, because a very suggestive book.—*S. F. Times.*
* * * This is so good a book that we wish w ould afford to giv a copy of it to every young minister. Revive our prayer meetings and the churches will be revived. Mr. Thompson says some capital things in a telling manner, and, as his pages are full of fire and gunpowder, we he e certain old, worn-out things among us will be exploded, and good things set on fire. A brother who has this book handy will be helped to lead lively meetings, inducting them in varied ways, and expatiating on different topics, so as o keep up fresh, and avoid monotony and dullness.— *C. H. Spurgeon.*

Revivals Their Place and Power. By Rev. HERRICK JOHNSON, D. Cloth, flexible, 25 cents.

An admirable discussion of the subject.—*Interior,*
We know of no publication that covers the ground so briefly and satisfactorily.—*Baltimore Presbyterian.*
Dr. Johnson's experience has qualified him to speak upon this subject.—*Independent.*

F. H. REVELL, CHICAGO: 148 and 150 Madison S eet. NEW YORK: 148 and 150 Nassau Street.

HELPS FOR ENQUIRERS.

My Inquiry Meeting; or, Plain Truths for Anxious Souls. By Rob ERT BOYD, D. D. Being the experience of a pastor during man- years of personal dealing with anxious and careless souls. 64 pp 15 cents.

For simplicity, clearness and, force of statement, we have met with nothing that equals this little volume. We can think of no bet- ter service a pastor could render to Sunday-school teachers, and other guides of souls, than to secure their reading of these pages. Nor could inquirers have any better help in their search for truth.— *The Interior.*

Glad Tidings. By ROBERT BOYD, D. D. A book for inquirers. 12mo, 100 pp., cloth, neat, 50 cents; cheap edition, for circula- tion, 25 cents.

This book has been used largely in connection with the great revival meetings both in Great Britain and this land.

The Soul and Its Difficulties. By H. W. SOLTAU. Paper, 108 pp., 8 cents.

How to be Saved; or, the Sinner Directed to the Saviour. By J. H. BROOKES, D. D. 120 pp., paper cover, 25 cents; cloth, 50 cents.

God's Way of Salvation. By ALEXANDER MARSHALL. A brief statement of the Way of Life, with answers to popular objections. Each brief page complete in itself, and containing a sermon in a nutshell. 48 pages and covers, 5 cents. Per hundred, $2.50.

Doubts Removed. By CÆSAR MALAN, D. D. Paper covers, 5 cents; per dozen, 50 cents.

It contains the clearest statements and illustrations on the subject treated we have ever read.

Welcome to Jesus. By Rev. C. H. SPURGEON. A series of 4 page tracts, with first page in attractive illuminated designs, etc. Four different series, each containing 32 assorted. Price per pack age, 25 cents. Four different packets issued, Nos. 1, 2, 3 and 4.

POPULAR WORKS FOR ALL CLASSES.

Prevailing Prayer: What Hinders It? By D. L. MOODY. Cloth uniform with To the Work! Heaven, etc. Cloth, 60 cents; pape covers, 30 cents.

An earnest and solemn work, full of helpful hints on the aim and hindrances to prevailing prayer.

This great subject has been the theme of apostles and prophets, and of all good men in all ages of the world; and my desire in sending forth this little volume is to encourage God's children to seek by prayer "to move the arm that moves the world."—*Extract from Preface.*

Full Assurance of Faith. Being some Thoughts on Christian Con- fidence. By D. L. MOODY. Paper Covers, 15 cts.; cloth, 25 cts.

F. H. REVELL, CHICAGO: 148 and 150 Madison Street. NEW YORK: 148 and 150 Nassau Street.

Current Discussions in Theology. By the Professors of Chicago Theological Seminary. Vol. I, cloth, 12mo, 248 pp., $1.00. Vol. II, 328 pp., cloth, $1.50. Vol. III, 360 pp., $1.50.

There is nothing in our language of this kind. The American student has had to choose between the exhaustive and unremitting labors which are the price of first-hand knowledge, and reviews which rarely fail of being colored with partiality or prejudice. The volume before us is a helpful, fair and trustworthy statement of the present position and recent movements of theology.—*The Independent.*

It may be safely said that from no one book in the English language can ministers gather so much recent information concerning the topics treated.—*Presbyterian Witness.*

A New Catechism. By Rev. J. T. HYDE. A manual of instruction for students and other thoughtful inquirers. Cloth, 12mo, $1.00.

Short Talks to Young Christians on the Evidences of Christianity. By Rev. C. O. BROWN. Cloth, neat, 168 pp., 50 cents; paper, 30 cents.

Books that are really useful on the evidences of Christianity could almost be counted on one's fingers. One which is singled out from a host of others by its plain straight-forward sense is *Short Talks to Young Christians on the Evidences*, by Rev. C. O. Brown. This little work is systematic without being technical, chatty without being needlessly diffuse, and it is written in a style suitable for the reading of elder youth.—*Sunday School Times.*

Practical and helpful, just the thing to put into the hands of the recent convert. They will richly repay perusal.—*Interior.*

The Life of Christ. By Rev. JAMES STALKER, M. A. *A new edition.* Introduction by Rev. GEORGE C. LORIMER, D. D. 166 pp., neat, cloth, 60 cents.

This work is in truth a "*Multum in Parvo*," containing within small compass a vast amount of most helpful teaching, so admirably arranged that th reader gathers with remarkable efiniteness the whole revealed record of the life-work of our L n a nutshell oi space and with a minimum of study.

Christ and the Scriptures. By Rev. A APHIR. Cioth, 16mo, neat. 75 cents.

To all disciples of Jesus this work commends itself at once by its grasp of truth, its insight, the life in it, and its spiritual force.—*Christian Work.*

In these days of doubt and hypercriticism such a volume breathing a spirit of earnest devotion, lifting the mind to a better conception of th i m asu al' worth of the Person and the Word, and written too, by a s n i Isra ', cannot but be welcome and helpful.

Clifton Springs Bible Readings. Containing the Bible Reading, and addresses given at the Conference of Believers at Clifton Springs, N. Y., by Messrs. Brookes, Erdman. Whittle, Needham, Parsons, Clark, Marvin and others. Square 16mo, 144 pp., cloth, fine, 50 cents; paper covers, 25 cents.

F. H. REVELL, Chicago: 148 and 150 Madison Street. New York: 148 and 150 Nassau Street.

POPULAR WORKS FOR ALL CLASSES.

Heaven; Where It Is; Its Inhabitants; and How to Get There. By **D. L. MOODY.** Eighty-eighth thousand. Tinted covers, 30 cents; cloth, 60 cents.

While adapted to the humble capacity, it will command the attention of the mature and thoughtful.—*National Presbyterian.*

Mr. Moody's unfaltering faith and rugged enthusiasm are manifested on every page.—*Christian Advocate.*

Eminently scriptural, earnest and impressive, will be welcomed by thousands.—*Zion's Herald.*

Characterized by his apt, homely illustrations and not a few pithy anecdotes, such as few can equal.—*The Advance.*

Twelve Select Sermons. By D. L. MOODY. 110th thousand. This volume contains those special sermons, which have appeared to be most useful, and under which there have been the greatest results. Paper covers, 30 cents; cloth, neat, 60 cents.

Carefully revised by Mr. Moody, they present a volume of choice and striking addresses, sure to command a large sale.

With the effect of these addresses when spoken, the whole land is acquainted, and now that they are written, they will tend to keep in force the impressions they have already made.—*Methodist.*

Mr. Moody's happy style, abounding in striking anecdote and illustration, make it a most readable and convincing volume.—*The Watchman.*

Full of earnest enthusiasm whic₁ characterizes everything Mr. Moody does, and will be read with interest.—*Detroit Free Press.*

Daniel, the Prophet. An amplification and extension of Mr. Moody's various lectures on the Life of Daniel. Paper covers, 20 cents; cloth, 40 cents.

A small book, but big as regards the truth it contains. Every worker in the Lord's vineyard would be helped by reading it.—*Railway Signal.*

Birth-Day Memorial Text-Book. A handsome little volume with a short text for every day in the year, with blank space opposite for autographs. Especially attractive for children. 32mo, cloth, black and gold stamp, 25 cents; per dozen, $2.50.

The Practice of the Presence of God. By "Brother LAWRENCE." Being a small collection of remarkable letters and conversations of a monk. 64 pp., 24mo, paper cover, 10 cents ; per dozen, 75 cents.

Envelope Series of Tracts. By H. W. S., from "The Christian's Secret of a Happy Life," comprising the following:

How to Enter into the Life.   Faith: What it is.
Difficulties Concerning Consecration.   Is God in Everything?
Difficulties Concerning Guidance.   The Joy of Obedience.
Difficulties Concerning Faith.   Practical Results.

Sold only in packets of one dozen copies. May be had either assorted or all of the same kind. Price, per packet, 20 cents.

They will form an excellent collection of tracts for distribution by those who wish their friends to share the "Life that is hid with Christ."

F. H. REVELL, CHICAGO: 148 and 150 Madison Street. NEW YORK. 148 and 150 Nassau Street.

The Christian's Secret of a Happy Life. By HANNAH WHIT-ALL SMITH; author of "The Open Secret." Revised edition from entirely new plates. 12mo, 240 pp., paper 50 cents; cloth, 75 cents ; cloth, gilt, $1.00.

A book we unhesitatingly recommend. We have not for years read a book with more delight and profit.—*Southwestern Christian Advocate.*

We are delighted with the book. It reaches the very core of Christian experience.—*Baptist Weekly.*

Worthy of universal circulation.—*Christian Union.*

The Open Secret. By HANNAH WHITALL SMITH, author of "Christian's Secret of a Happy Life," etc. 320 pp., cloth, $1.00.

That the author of this work has a faculty of presenting the "Secret Things" that are revealed in the Word of God is apparent to all who have read the exceedingly popular work "The Christian's Secret of a Happy Life," and such will not be disappointed in expecting to find in this new volume a fulless and sweetness in the unfolding of God's Word, in its application to the practical daily duties of christian living.

Walking Worthy of God. A reprint from the works of Rev. JOHN FLAVELL, with an introduction by (and published at the request of) Maj. D. W. WHITTLE. A valuable book for circulation—an incentive to Christian living. Square, 16mo, 43 pp., 15 cents.

Gems from Northfield. A Record of the best thoughts exchanged at the Conference for Bible study, convened at Northfield, by D. L. MOODY. 12mo, 116 pp., cloth, $1.00.

The thoughts and expositions of Scripture which are presented in this volume are of rare practical value.—*Herald ana Presbyter.*

Recollections of Henry Moorehouse, Evangelist. By GEORGE C. NEEDHAM. 240 pp., 15mo, cloth, beveled, $1.00.

Mr. Moorehouse, the young English evangelist, was well-known throughout this country, and the volume is the most interesting biographical sketch of this remarkable man—a real inspiration.

Christians of every name gathered about him: and ministers with long years of successful work, and young converts just entering the field alike sat at his feet to study the Word. * * * I hope that the story of his life will lead many who have not come under his personal influence to a more thorough study of God's word.—*D.L.Moody.*

Plain Talks About the Theatre. By Rev. HERRICK JOHNSON, D. D. Fifth thousand. 84 pp., cloth, 50 cents; paper, 20 cents.

Probably the modern theatre never received such a raking fire. – *Zion's Herald.*

As crushing as a charge of cavalry, and as convincing as logic can make truth. A terrific indictment of the theatre—*The Advance.*

May Christian's Dance? By Rev. J. H. BROOKES, D. D. 144 pp., 16mo., cloth, 50 cents; paper covers, 25 cents.

An able and wholesome consideration of the question from a Christian point of view.—*Zion's Herald.*

POPULAR WORKS FOR ALL CLASSES.

Fred's Dark Days. By ROSE HARTWICK THORPE. A story of hero-
ism in boyhood, written in an attractive style by the author of
"Curfew Must Not Ring To-night," and "The Yule Log." An
excellent book for the young. 139 pp., cloth, 75 cents.

Fifty Years and Beyond; or, Old Age and How to Enjoy It. Compiled by Rev. S. G. LATHROP. Twenty-fifth thousand. One
large 12mo volume, of over 400 pages, $1.00. Presentation edi-
tion, gilt edges, $1.50.

The object of this volume is to give to that great army who are
fast hastening toward the "great beyond" some practical hints and
helps as to the best way to make the most of the remainder of *the
life that now is,* and to give comfort and help as to *the life that is
to come.*

Songs for the Service of Prayer. Compiled by R. S. THAIN,
assisted by A. E. KITTREDGE, D. D., E. P. GOODWIN, D. D., and
W. M. LAWRENCE, D. D. A book specially adapted for use in
the social meetings of the church. Cloth, 240 pp., 60 cents.
Special terms to churches for introduction.

Revell's Record for Church Treasurers. The most convenient
record yet published. Weekly envelope system. Simple, practical and systematic. Bound in half leather, quarto, $1.50.

The Man Traps of the City. By Rev. THOMAS E. GREEN.
A book of timely warnings, where sin and crime are shorn of
their mask. The life of the profligate is not presented in attractive colors, but in such a way as to stand forth in its true light—a
thing to be abhorred.
140 pages, cloth, rich gold stamp, 75 cents. Same in illuminated paper covers, 35 cents.

Woman's Ministry, and other Expository Addresses. By Mrs.
GEORGE C. NEEDHAM. 137 pp., 16mo, cloth, 75 cents.
The first expository address gives character to this book. It is
literally an exposition bearing on the question of woman's relation
to preaching and teaching.

Interesting and Instructive Readings for the Young. By
C. H. JONES. Illustrated. A collection, original and selected,
of Stories for Children and Youth. 357 pp., carmine cloth, rich
gilt stamp, $1.00. This collection is not only entertaining, but is
practically helpful and instructive.

F. H. REVELL, Chicago: 148 and 150 Madison Street.
New York: 148 and 150 Nassau Street.

POPULAR WORKS FOR ALL CLASSES.

The Scarlet Line. A most suggestive tract upon Joshua II and VI, showing the close connection between the type of the Old Testament and the Antitype of the New. 36 pp. and cover, 5 cents; per hundred, $3.00.

Words of Worth, from the Chicago Christian Convention. A verbatim report of the addresses before the Convention of October, 1882. 12mo, 134 pp., paper, 25 cents.
The addresses by such men as Rev. Marcus Rainsford, Rev. Charles Spurgeon, Dr. W. P. Mackay, Rev. A. T. Pierson, D. D. and others will be welcomed by many.

The Ministry of Healing; or, Miracles of Cure in all Ages. By Rev. A. J. GORDON, D. D. Third edition, 12mo, fine cloth, 250 pp., $1.25.
Proofs of the practice of healing by the prayer of faith gathered from all ages, with well attested instances from Augustine, Luther, Baxter, Bengel, Irving, Erskine, Christlieb and others.
The history of the doctrine as held by Waldenses, Moravians, Covenanters, Huguenots, Friends, Baptists, Methodists, etc. A full account of the recent exercise of the ministry of healing through faith, by Dorothea Trudell, Samuel Zeller, Pastor Blumhardt, Pastor Rein, Pastor Stockmayer, Dr. Cullis, and others. With all this is joined an extended examination of the subject in the light of Scripture, Church history, theology and experience.

In Christ; or, The Believer's Union with His Lord. By Rev. A. J. GORDON, D. D. 12mo, fine cloth, 210 pages, $1.00.
We do not remember since Thomas a Kempis a book so thoroughly imbued with great personal love to Christ. It is evidently the happy result of hours of high communion with Him.—*Boston Courier.*

The Two-Fold Life; or Christ's Work for Us, and Christ's Work in Us. By Rev. A. J. GORDON, D. D. 12mo, fine cloth, 285 pages, $1.25.
This is a powerful and timely defence of Christian doctrine, experience and practice; of experience resulting from sound doctrine, and of practice resulting from heart-felt experience. It is not controversial, but a living testimony to the renovating power of the faith once delivered to the saints. * * * Its perusal will amply repay the reader who wishes to become a full-grown Christian.—*C. H. Spurgeon.*

Grace and Glory. Sermons for the Life that Now Is and That which Is to Come. By Rev. A. J. GORDON, D. D. 12mo, fine cloth, 355 pages, $1.50.
Here we have power without sensationalism; calm thought, living and earnest, expressed in forcil language; the doctrine orthodox, evangelical, practical. We shall be surprised if these discourses are not reprinted by an English house.—*C. H. Spurgeon.*

Abundant Grace. By W. P. MACKAY, M. A., author of Grace and Truth. With preface by Rev. J. H. BROOKS, D. D., and brief biographical sketch of the late author. 250 pages, fine beveled cloth, $1.00.

The Holy Life. A book for Christians seeking the "Rest of Faith." By Rev. EVAN H. HOPKINS. Fifth thousand. 18mo, 115 pp., cloth, beveled edge, 60 cents.

F. H. REVELL, Chicago: 148 and 150 Madison Street. New York: 148 and 150 Nassau Street.